Sexo, ya...pero tú no hables

Dr Estela V. Welldon

ISBN:1974035212
ISBN-13:9781974035212

CONTENTS

PRÓLOGO   La muñeca sexual inflable   1

Uno   Introducción   6

Dos   Satisfacción sexual sin palabras   18

Tres   Punible por ley externa y/o interna: clamor público o íntimo   25

Cuatro   Violación y abuso sexual en la niñez   33

Cinco   Qué tienen las mujeres que no tengan los hombres   60

Seis   Una cuestión de pornografía   79

Siete   La prostitución femenina en las películas de Hollywood   87

Ocho   Comprender en vez de juzgar el homicidio yendo a la ópera   108

Nueve   Conclusiones   121

EXPRESIONES DE GRATITUD

Dedico este libro a la memoria de mi maestro y mentor Profesor Ricardo Horacio Etchegoyen. Desde que lo conocí en 1957 siempre admiré su talento, integridad e insaciable deseo de conocer en profundidad a los seres humanos. Su ejemplo ha sido un estímulo permanente en mi carrera.

La carátula es obra de arte de Ricardo Cinalli. Estoy agradecida a Alex Goforth por su aporte editorial y a Raúl Fain Binda por la traducción al castellano.

La Muñeca Sexual Inflable

Un joven amigo de mi hijo adolescente le confesó cierto día, a regañadientes, que sus padres le habían regalado una muñeca inflable para su decimocuarto cumpleaños. Esto ocurrió hace mucho tiempo, cuando estos juguetes sexuales eran novedosos y todavía se los fabricaba en una forma bastante primitiva, en vez de los modelos actuales con esa extraña apariencia de robots.

Con muestras de inseguridad y reticencia, como avergonzado pero al mismo con una urgencia que denotaba alivio, el amigo de mi hijo admitió su incomodidad y angustia. No estaba seguro de cómo reaccionar, si debía mostrarse feliz y agradecido, o al menos dar a entender que apreciaba el regalo.

Ya entonces me pregunté si el chico no habría elegido en quien confiar sabiendo que la madre de su confidente era psiquiatra y psicoterapeuta.

Cuando mi hijo me contó esto, quedé confundida. ¿Estaban esos padres ansiosos ante la naciente sexualidad de su hijo? ¿Les preocupaba que se masturbara o la posibilidad de que se sintiera atraído por otros varones? ¿Por qué esa extraña selección de regalo?

Esto desencadenó un torbellino de ideas en mi mente, que debido a mi profesión estaba concentrada en tratar de entender todo tipo de comportamientos sexuales… o como otros preferirían describirlos, "desviaciones" sexuales. Me pregunté qué tipo de mensajes, conscientes o inconscientes, estos padres trataban de transmitir a este muchacho, en una etapa tan temprana de su pubertad.

Eventualmente, con un esfuerzo para recuperar la ecuanimidad, comencé a pensar que este regalo podría deberse a buenas intenciones. Tal vez los padres trataban de salvar a su hijo adolescente de algún daño potencial en una relación romántica, pero no tenían la presencia de ánimo para hablar de ello. Aun así, ¿qué mensaje querían transmitir?

Acaso comprendían que el sueño adolescente de una relación hermosa, única, sexualmente gratificante, puede generar tantas situaciones desafortunadas, erizadas de dificultades y causantes muchas veces de hondas desdichas. El muchacho, todavía inmaduro, podría sentirse emocionalmente paralizado en su intento de alcanzar en la vida real lo que surge con tanta facilidad de un encuentro romántico vivido en el mundo de la fantasía. Esa percepción ideal puede alcanzar luego el plano físico de los sentidos, donde la imaginación teje su trama y todo es perfecto, un éxtasis de hondos sentimientos mutuamente correspondidos, acompañados de una profunda unión física.

Este tren de pensamientos me llevó a considerar esa primera relación *real*, que la mayoría hemos tenido la suerte de experimentar a poco de nacer. Imaginemos, por un momento, un bebé recién nacido en el cálido y acogedor abrazo de su madre. Muy poco después, la primera experiencia de lo que aparece superficialmente como hambre, pero está también acompañada por otras necesidades básicas sensoriales, comunicada con sonidos que expresan esa necesidad vital, se corresponde exactamente con la necesidad de la madre que siente la presión de la leche en sus pechos. Esta perfecta unión emocional y física es la felicidad única, aunque es de lamentar que nunca se repetirá exactamente. A medida que crecemos y tratamos de alcanzar de nuevo esa calidad de relación, estamos condenados a un fracaso tras otro, decepción tras decepción. Nuestra vida deviene así en una cadena de relaciones fallidas, cada vez más traumatizantes.

Así, llegué a pensar que tal vez los padres de este muchacho habían tratado de ayudarlo a alcanzar la satisfacción sexual básica sin los riesgos que encontramos en la vida romántica, sin las ambiciones que tenemos para nuestras relaciones cuando todavía nos inflama la expectativa romántica de "hacer el amor". Es posible, me dije, que el significado de ese peculiar regalo fuera: "Está bien, no te preocupes demasiado. Descarga tus deseos o necesidades sexuales físicas con esta muñeca, practica y disfruta, pero por favor no tengas ninguna expectativa romántica. Después, a su debido tiempo, podrás amar a una mujer real."

En ocasiones nuestras mentes deben encontrar el camino en la oscuridad del sexo y su significado, especialmente para aquellos de nosotros que trabajamos en psicoterapia psicodinámica con individuos que, sin ser presionados, "admiten" o "confiesan" las situaciones "extrañas" que pueden desencadenar sus deseos sexuales. A veces estas situaciones pueden consolidarse con tanta firmeza en sus mentes que dificultan y hasta impiden la resistencia a esto que se ha convertido en una compulsión de la cual no pueden escapar. Estos pensamientos pueden aparecer en cualquier mente, incluso por supuesto de los profesionales de la salud mental.

REFLEXIONES

Este episodio me recordó que anteriormente, décadas atrás, durante una conferencia profesional en Europa, vi por casualidad -y para mi sorpresa y alarma- a tres de mis colegas caminando por una calle con una muñeca inflable en sus brazos. Al advertir mi sorpresa, su explicación inmediata fue esta: "Bueno, si sirven para follar, ¿por qué no sacarlas a pasear?" En cierto modo fueron capaces de reconocer y al mismo tiempo confundir la inherente deshumanización y cosificación de la muñeca, tratándola como si fuera una mujer real.

De manera que este enfoque "fácil" del sexo, sin la expectativa de hablar o de no hablar durante el acto, puede manifestarse en muchas personas, entre ellas nuestros propios colegas.

En otra conferencia internacional, esta vez en Nueva York, me sorprendió una vez más la ingenuidad de mis colegas cuando, durante el desayuno, me confesaron que la noche anterior se habían sentido nostálgicos y extrañando tanto a sus familias que decidieron ver un espectáculo de "sexo en vivo" para recuperar el buen humor. Para su "sorpresa", según dijeron, el resultado fue que su tristeza se tornó más acuciante. Al parecer no se les ocurrió en ningún momento que se habían colocado en la situación de un niño que contempla el coito de sus padres, que inevitablemente desata sensaciones de alienación, soledad y rechazo, especialmente al convertirse ellos en testigos de la "escena primaria".

UNO

Introducción

En este libro exploramos algunas situaciones que aparentemente van de lo sublime a lo ridículo, incluyendo aquellas con las circunstancias más trágicas, que pueden involucrar extraños escenarios de estimulación y gratificación sexual cuyos participantes no hablan durante el acto.

Mi propósito es proporcionarles a ustedes, mis lectores, ideas y percepciones que les permitan reconocer las múltiples capas de significados en situaciones sexuales inusuales que puedan encontrar en la vida diaria, ya sea en el hogar, el trabajo, las artes plásticas, la literatura, el cine, el teatro o la ópera. Algunas de esas capas pertenecen a la mente consciente, pero con mayor frecuencia el desencadenante de los actos corresponde al inconsciente.

Es preciso considerar con amplitud de espíritu las razones de este tipo de situaciones o prácticas sexuales, teniendo en cuenta que generalmente están completamente desconectadas de la moralidad. El hecho de presenciar, escuchar o leer alguna manifestación de actividad sexual rara o inusual puede provocar una confusión de tanta intensidad que respondemos con ansiedad o una sonrisa crítica, que no es otra cosa que un intento de disociarnos de una experiencia que puede resultar estresante.

Algunas prácticas que al principio resultan novedosas y son recibidas con indignación, terminan por ser aceptadas a medida que cambian las normas sociales y culturales, en un proceso que marcha paralelo con el concepto, comprensión y uso de la pornografía, que consideraré más adelante.

Un ejemplo de esto es el uso de una muñeca sexual, que yo al principio consideré un comportamiento de lo más extraño pero luego formé una opinión diferente, tras analizar el tema con menos presunción. El diseño de la muñeca sexual es tan claro e ingenioso que no necesitamos "explorar" ninguna motivación inconsciente para comprender su finalidad: un hombre tiene la oportunidad de poseer a la mujer "ideal" que satisfará cualquiera de sus deseos sexuales, que será siempre obediente y nunca exigirá que se le reconozcan derechos.

El comportamiento de los hombres que usan muñecas inflables no es muy difícil de descifrar, ¿pero qué se puede decir del ahora tan difundido uso de juguetes sexuales entre mujeres de diferentes circunstancias sociales, económicas, étnicas y culturales?

Desde los orígenes de las relaciones sexuales las mujeres han fingido orgasmos para satisfacer la necesidad de sus parejas masculinas de sentirse felices y "hombres de verdad", quedando muchas veces insatisfechas ellas mismas. Ahora pueden alcanzar orgasmos utilizando juguetes sexuales, ya sea en solitario o durante encuentros sexuales con una pareja permanente u ocasional.

Considero importante señalar que nunca he

atendido como psicoterapeuta a una mujer en relación con problemas originados por el uso de un dildo, por ejemplo. En otras palabras, las mujeres y sus parejas masculinas no tienen quejas o sentimientos de vergüenza por el uso compartido de juguetes sexuales: tanto ellas como ellos son "colaboradores sexuales" en forma explícita.

Las prácticas sexuales inusuales están intensamente vinculadas con la intimidad o con la falta de ella, y tienen un origen temprano, primitivo, que nos lleva no sólo a la relación inicial entre la madre y su bebé, sino al tiempo de este en la matriz, como demostraré con un esclarecedor ejemplo clínico.

ASFIXIA AUTO-ERÓTICA

Cuando todavía era una terapeuta relativamente inexperta traté a un paciente con una psicopatología muy particular, de la que nunca había oído o leído anteriormente.

Un hombre joven, apuesto, casado recientemente, vino a mi consulta dejando en claro que no lo hacía por propia voluntad: no tenía otra opción, ya que su esposa se lo había exigido porque de otra forma lo abandonaría.

El paciente me contó, con claras muestras de bochorno y perplejidad, de su compulsión a repetir, todas las semanas, un acto que no sólo le provocaba un gran orgasmo, sino también le daba una profunda sensación de paz y seguridad interior, acompañada sin embargo por la impresión amenazante de que si cualquier cosa salía mal le causaría la muerte.

La compulsión lo llevaba a subir al altillo de su casa, donde se ponía una complicada vestimenta de látex que le cubría todo el cuerpo, incluyendo su cabeza, aislándolo de los contactos sensoriales externos. En esta situación, asfixiándose, dudando de su propia supervivencia, podía alcanzar por fin el orgasmo.

Enfrenté este desafío terapéutico con algo de nerviosismo y temor, pero también con una curiosidad estimulante. Sabía muy bien que mi conocimiento del tema no era el adecuado, y en mi búsqueda de una mayor percepción fui tal vez demasiado audaz. Un sábado por la mañana, mientras hacía mis compras de mercado en el Soho, decidí entrar en una tienda del sexo, por entonces muy numerosas en ese barrio de Londres, con el propósito de descubrir algo sobre la condición de ese látex o caucho que mi paciente encontraba tan gratificante. Para mi sorpresa, descubrí que la goma, que yo presumía del tipo utilizado para los deportes subacuáticos, era en realidad tan fina como la piel. Conocer esta nueva tecnología me permitió acceder a significados y simbolismos que antes ignoraba, y me causó gran satisfacción que el descubrimiento pudiera servir para comprender la verdadera naturaleza del problema de mi paciente.

Advertí que el paciente, a pesar de su aparente éxito y bienestar, necesitaba una "segunda piel", no solo para protegerse de toda posibilidad de dolor, sino también como una barrera vital ante poderosas sensaciones de angustia y ansiedad.

Mi paciente se sentía literalmente entre la vida y la muerte, de modo que sólo podía continuar con su vida "normal" si podía ejecutar su extraña actividad por lo menos una vez a la semana. De modo que ese "acting out", esa actuación extravagante, paradójicamente le permitía mantener su apariencia de "normalidad".

Desde su temprana adolescencia mi paciente sabía de esta rareza, que no había confiado a ninguna persona. Al enamorarse, creyó, confió, deseó que habría de superar su "peculiaridad", de modo que "no se molestó" en informar a su futura mujer.

(Desarrollo con más detenimiento este mecanismo psicodinámico en la sección titulada "Encapsulación".)

La caja de Houdini: desencadenante de excitación sexual

Algunas sesiones después, mi paciente me dijo que una experiencia muy extraña lo había avergonzado profundamente: la noche anterior, mientras miraba televisión con su esposa en la sala, sintió de repente un poderoso deseo de hacerle el amor en el suelo, allí mismo y de inmediato.

El relato de esta escena podría evocar en

cualquier persona (yo no fui una excepción) fantasías sobre las imágenes en el televisor, pero al parecer el programa no mostraba nada romántico o típicamente erótico. Mi paciente explicó que se trataba de un documental sobre el escapista Harry Houdini. En la pantalla vió a Houdini en el interior de una caja, a merced de los rápidos de un río en Canadá; esto le había provocado un arrebato de excitación sexual y una poderosa erección que no pudo controlar.

¿Cuál es el significado simbólico de esta escena en particular?

Cuando escuché esto, y recordando las circunstancias de mi propio nacimiento y también el de mi paciente, le sugerí que lo que había visto en televisión había representado algo muy importante, crucial para su supervivencia, que se remontaba hasta su propio nacimiento. Él giró la cabeza bruscamente y dijo: "Sé que el parto fue muy difícil, aunque no estoy seguro de hasta qué punto; le preguntaré a mi madre." Y así fue como ella le contó con gran detalle sobre las circunstancias extremadamente difíciles de su nacimiento.

Sobreviviendo en una incubadora

Antes del nacimiento, el embarazo había sido reconocido como una mala presentación del feto, que llevaría a un parto de nalgas. El equipo médico trató de modificar la presentación con manipulación externa pero sin éxito, de modo que mi paciente nació tres meses prematuro, pesando un kilo y medio. Se temió por su vida, como es natural, y de inmediato fue colocado en una incubadora. A pesar de recibir alimento en forma artificial, comenzó a perder peso y debió permanecer seis meses en la incubadora. Sólo entonces su madre comenzó a alimentarlo personalmente.

Esto lo dejó en una situación precaria, de la que era intelectualmente inconsciente. Desde el punto de vista emocional era extremadamente frágil y desarrolló luego una dependencia de escenarios insólitos, también ajenos a su elaboración consciente.

Los aspectos esenciales de esos escenarios extravagantes incluyeron inicialmente la incertidumbre y la falta de seguridad en el útero, caracterizadas por una posición precaria, defectuosa, que llevaba a una expulsión violenta sin límite físico que la contuviera. Sólo una caja rígida, la incubadora, podía ofrecerle una sensación de supervivencia.

Fantasías suicidas inconscientes

Se me ocurre ahora que mi paciente estaba repitiendo algo de un tiempo arcaico, cuando no se disponía de lenguaje ni de memorias conscientes o preconscientes. La caja de Houdini lo enfrentaba nuevamente con la necesidad de asumir su vida y su virtual "resurrección", aún antes de que su vida comenzara propiamente.

La incubadora puede haber sido, en parte, el desencadenante de una ilusión de omnipotencia, pero el precio pagado por su supervivencia estaba representado por las fantasías suicidas inconscientes, en las que era expulsado (destruido) o emergía aún vivo pero atrapado en una posición paranoide-esquizoide en la que él desarrolló una falsa sensación de autonomía que se repitió una y otra vez a lo largo de los años, con su rechazo de la intimidad y su falsa protección. Había quedado aprisionado en un comportamiento compulsivo, repetitivo, que él experimentaba como ajeno y al mismo tiempo extrañamente familiar y tranquilizador. Aunque esto no estaba concebido en forma consciente, era su única estrategia para sobrevivir.

Mi sueño en la contratransferencia

Si ustedes se están preguntando cómo vinculé a Houdini con el nacimiento de mi paciente, debo admitir que debo esta intuición a mi propio psicoanálisis, del cual relataré una parte esclarecedora.

Yo tenía un sueño repetitivo, que me producía una honda ansiedad.

En el sueño estoy suspendida en una hamaca, con una pronunciada sensación de espacio y profundidad por debajo; al principio puedo balancearme suavemente y la sensación es grata, pero el movimiento se acelera y ya no me siento en control. Miro debajo y para mi consternación y creciente alarma el espacio se está estrechando con rapidez; advierto con espanto la aparición de superficies afiladas, cortantes. La hamaca se contrae hasta desaparecer y yo estoy cayendo en el precipicio. (Enlazo esta situación con la de los clavadistas mexicanos en Acapulco, que arriesgan sus vidas zambulléndose desde un acantilado en un espacio reducido de agua, que intuyo poco profunda, algo que requiere mucha práctica, habilidad y coraje, así como un marcado instinto de supervivencia.) En ese momento me despierto, espantada, con un sudor frío, pero aliviada por estar viva.

Cuando relaté este sueño en mi sesión de psicoanálisis, mi analista sugirió, con una tranquila convicción, que probablemente se tratara de un sueño de nacimiento, representando un alumbramiento muy rápido, y que esto podría estar vinculado con mis ansiedades de separación. Mi madre ya no vivía, pero yo sabía que la partera había sido una amiga de la familia, a quien pregunté si recordaba detalles de mi nacimiento. Su respuesta fue inmediata y sin ninguna duda: "No podría olvidarme; llegaste a este mundo como el corcho de una botella de champagne, igual de rápida y ruidosa. Nunca había visto algo similar." De modo que yo había "sabido" sobre esto todo el tiempo, sin saberlo realmente.

Posteriormente compartí esta experiencia con R.D. Laing, el famoso aunque controvertido psicoterapeuta, que había dado una conferencia en el

Royal College of Psychiatrists. Laing había hablado sobre la regresión psíquica al estadio de blastocele, al comienzo de la vida fetal, inmediatamente después de la impregnación del óvulo.

¿Contratransferencia colusoria o conocimiento necesario?

Regresando a mi paciente, recuerdo que se presentaron problemas inesperados en la mañana del viernes siguiente, cuando presenté su caso ante el resto del equipo en el seminario clínico. Expliqué mi sensación de insuficiencia para comprender la condición de mi nuevo paciente. Agregué que mi deseo de interpretar su condición me había llevado a visitar una tienda sexual. Esto cayó muy mal entre mis colegas. No les gustó para nada y no tardaron en criticar mi supuesta colusión transferencial y "sociedad" con la situación de mi paciente. Me sentí humillada e incomprendida. Mis colegas más experimentados descargaron una andanada de "interpretaciones" especulativas sobre mi reacción de contratransferencia al ser "seducida" por mi paciente. Esto me enfureció, porque estaba convencida de la importancia de mi hallazgo en la tienda.

Una respuesta al desafío de mis colegas

De repente se me ocurrió enfrentar este desafío con otro de mi cosecha. Si alguno de ellos conocía la naturaleza exacta del látex utilizado en la fabricación de la vestimenta de mi paciente, yo aceptaría sin reservas sus interpretaciones de mi "acting out". Pero si nadie podía ofrecer una descripción adecuada de la calidad del látex, ellos deberían revisar su juicio sobre la situación, ya que mi incursión en el Soho podría considerarse científica y no un "acting out". Aunque no sin resistencia, mis colegas terminaron por aceptar esto. Para mi alivio y gran satisfacción, todos coincidieron en describir una vestimenta fabricada con goma gruesa y pesada, como la utilizada para los trajes subacuáticos. Mi explicación originó entonces un sabroso y muy útil intercambio de opiniones. Escapé por un pelo, es cierto, pero la anécdota es útil para iluminar algunas implicaciones poco claras de la transferencia y la contratransferencia en el trabajo con ciertos pacientes en casos difíciles.

CONCEPTOS CLAVE

El tratamiento psicoterapéutico prolongado y exhaustivo de este tipo de pacientes nos ha permitido alcanzar una mayor comprensión de las causas de estas prácticas sexuales inusuales y extravagantes. Mi intención en este libro es compartir con los lectores las múltiples percepciones de este conocimiento. Pero antes, tal vez convenga refrescar algunos conceptos clave.

Nuestra psique, nuestra mente, está habitada por tres estructuras diferentes, que interactúan constantemente para regular la expresión de nuestras emociones: el id, el ego y el superego, que se desarrollan durante las diferentes etapas de nuestras vidas.

El id, o Ello, es como el niño pequeño que exige una satisfacción inmediata de cualquier deseo, siempre esperando el placer. Si este le es negado surgen la tensión y la frustración, que a su vez llevan a la ira y la violencia.

La función del superego (o super-yo) es refrenar los impulsos del id (Ello), especialmente aquellos que la sociedad busca controlar, como el sexo y la agresión. Siempre en busca de la perfección, es una conciencia autocrítica, que refleja los estándares sociales aprendidos de padres y maestros; siempre exige empatía y cortesía.

El ego (Yo) tiene la odiosa tarea de funcionar como un mediador o árbitro entre el id y el superego; actúa de acuerdo al "principio de realidad", buscando maneras realistas de complacer las demandas del id, con frecuencia llegando a compromisos o postergando su satisfacción, para evitar consecuencias negativas en la sociedad.

DOS

Satisfacción Sexual Sin Palabras

En este capítulo presentaré varios casos clínicos, tanto de mujeres como de hombres, caracterizados por una consistente predisposición "aprendida" a obtener excitación, placer y satisfacción sexual, alcanzando el orgasmo sin pronunciar ni una sola palabra.

UN EXHIBICIONISTA VARÓN

La carta que reproduzco a continuación no es una rareza: de hecho, hay muchos hombres que son conscientes desde su temprana adolescencia de una compulsión a exhibir sus genitales ante mujeres desconocidas, pero que han mantenido un discreto velo de silencio sobre su "terrible secreto". Llega un momento, sin embargo, en que muchos de ellos experimentan la necesidad de obtener ayuda profesional. Este comportamiento, que hasta entonces había permanecido oculto gracias a cuidadosas precauciones, se manifiesta de repente con cierta torpeza e imprudencia, como un paciente exhibicionista, un hombre de 38 años, lo explica en la siguiente carta.

"[Esta compulsión] ha estado presente desde que yo tenía trece años, pero ahora se ha convertido en algo urgente que me preocupa mucho. Aunque siempre he sido capaz de ocultar esto ante todos, incluyendo a mi esposa y mis colegas más cercanos en el trabajo, ahora estoy espantado ante la posibilidad de perder todo lo que tengo. Una hermosa familia, mi mujer, que es un apoyo permanente para mí, mis tres hijos en escuela privada, mi prestigioso cargo en la Comunidad Europea, mis amigos y colegas de trabajo, que no tienen idea de lo que me está pasando. Sólo he podido tolerar estos años terribles porque las personas que me rodean ignoran todo esto. Me siento urgido a mostrar mis genitales a mujeres desconocidas, esperando que esto las espante y asuste. Cuando pasa esto, experimento un intenso placer sexual. Hasta hace poco lo hacía de tal forma que nunca nadie me ha atrapado. Pero de repente estoy corriendo un montón de riesgos. Tengo miedo de ser atrapado en cualquier momento. No tengo idea de cómo detener esto. El impulso resulta incontenible. Antes tomaba precauciones, como la de ir a lugares distantes de mi casa y del trabajo, donde nadie me conociera. Pero ahora estoy experimentando la necesidad de hacerlo en lugares cercanos, o en una forma repetitiva, ya sea reincidiendo ante las mismas mujeres o en los mismos lugares, o a la misma hora. He notado que estos riesgos, asociados con la excitación que provocan, se han convertido en mi única forma de aliviar mi creciente ansiedad sexual. Ya no puedo soportar más esta situación."

Durante el periodo de evaluación mi paciente pudo explorar su motivación para el tratamiento. Algunos dirán que esa "motivación" consistía en tratar de evitar una pena de cárcel si era descubierto, pero, a nuestro juicio, esto es ahora el equivalente de la necesidad neurótica de comprender sus síntomas no queridos.

La psicoterapia comenzó cuando el paciente pudo asociar que en su niñez había experimentado una tremenda sensación de impotencia y desamparo, al presenciar constantemente la violencia doméstica cotidiana entre sus padres. Posteriormente, ya como adulto joven, cayó "víctima" de hacerle a otros lo que él sintió le habían hecho cuando era un niño. Ahora se sentía en "completo poder", y la reacción de las mujeres "víctimas" de su acción, eran evidencias de su poder, que había estado ausente durante su infancia.

SENOS DE MUJERES DESCONOCIDAS COMO EXCITACIÓN

Un hombre de unos treinta y tantos años acude en forma espontánea a la clínica, quejándose de tener intensos e irresistibles impulsos de tocar y acariciar los senos de mujeres desconocidas. Ha sido capaz de salirse con la suya en lugares públicos muy concurridos, usualmente en el subterráneo de Londres en las horas punta. Acostumbra a ubicarse cerca de las puertas del vagón, para tener una vía de escape si la mujer protesta cuando él comienza a manosearla. Para no ser reconocido si alguna vez es detenido, se coloca detrás de la mujer, en una posición en la que ella no puede verlo.

Nunca ha sido detenido por la policía y el acto le produce una gran excitación en todas sus etapas, pasando por la planificación, la elección de su víctima, el contacto físico y la consiguiente reacción de la mujer. Luego del acto, sin embargo, cuyo impulso no es capaz de contener, siente vergüenza y disgusto consigo mismo.

El episodio que desencadenó el pedido de consulta clínica fue extraño, pero muy revelador de su silencio y de la encapsulación de su particular problema, que sólo él conocía. Algunas semanas antes había comenzado a acariciar el seno de una mujer en el vagón del subterráneo, pero su víctima no tuvo ninguna reacción. Él acentuó el manoseo, extrañado, pero ella siguió sin reaccionar.

Finalmente, la mujer advirtió lo que estaba ocurriendo cuando vio que otros pasajeros la miraban, entre divertidos y escandalizados. Su reacción ante esto consistió en llevar la mano al escote y extraer de su corpiño una prótesis: "Si esto es lo que quieres, puedes quedarte con él", le dijo y comenzó a reírse de buena gana. Su abusador, por el contrario, se sintió abrumado por una intensa vergüenza. Me dijo que "nunca había experimentado tanta humillación". Su asociación inmediata con esta experiencia fue recordar que cuando tenía tres años su madre había transferido toda su atención a su hermanita recién nacida, burlándose de él por querer seguir mamando.

Este ejemplo indica claramente la intensidad de su odio ante el nacimiento de su hermana y su experiencia de ella como la némesis de su control personal de la posesión más valiosa: el seno de su madre. Pero para entender todo esto, necesitamos explorar otras fuentes de percepción. En ciertas ocasiones los "errores" pueden darnos indicios cruciales del contenido de la mente inconsciente.

El bebé de reemplazo: expectativas y deseos de los padres

Más tarde surgieron a la luz las verdaderas circunstancias de ambos nacimientos, tanto de él como de su hermana, debido a un incidente entre él y una mujer (otra paciente) en la sala de espera de la Clínica donde él estaba en psicoterapia. El paciente, en un estado de agitación, se comportó groseramente al comprobar que ella era llamada a mi consultorio cuando él creía que era su turno. En realidad, había cometido un "error" sobre el horario de su propia consulta, llegando una hora antes. De paso, había desarrollado la firme convicción de que la mujer era mi paciente favorita.

Este episodio nos dió la oportunidad de tratar de reconstruir, dentro de lo posible, las circunstancias que rodearon su nacimiento. Sus padres lo engendraron como un "bebé de reemplazo" trás la pérdida de la niña primogénita, que había muerto a poco de nacer dejándolos desconsolados. Lamentablemente, como suele ocurrir, se les había aconsejado iniciar este embarazo compensatorio lo antes posible. Esto significó que la llegada de mi paciente a este mundo fue recibida con honda decepción: no era la niña tan ansiada.

Vaya uno a saber qué peripecias atravesó este pequeño a poco de nacer, pero se me ocurre que la experiencia determinó que su supervivencia dependiera de asir el seno de su madre como si fuera parte de él mismo. Con el posterior nacimiento de una hermanita, él debió sentirse en gran peligro y en necesidad de luchar para sobrevivir.

ENCAPSULACIÓN

Si pensamos cuidadosamente sobre las diversas circunstancias que hemos relatado, podemos advertir una característica común en ambos: nadie, aparte de sus protagonistas, conoce sus actos ocultos. Ellos han sido muy cuidadosos y precavidos para que nadie los supiera. Cabe preguntarse a qué se debe esto: ¿se trata de vergüenza?; ¿o debemos hablar de confusión, dado que la persona no sabe cual es el factor que origina su compulsión? Al parecer estos individuos saben que sus actos son dolorosos además de humillantes para las otras "víctimas". Aunque no se trate de un dolor físico concreto, por lo menos existe cierta descarga de hostilidad encubierta. También parecen conscientes de que sus actos los están separando de los demás, ya sean desconocidos, amigos o incluso las personas más amadas. Al perpetrar sus actos están impidiendo toda intimidad entre ellos y otras personas. Tal vez los protagonistas sientan el peligro de perder absolutamente todo si su "secreto" es descubierto.

La encapsulación, entonces, es el ocultamiento ante los demás de una parte importante del propio ser. Es una forma de auto-encarcelamiento, que combina autoengaño con el engaño a otras personas. En este caso, "el brazo derecho" sabe muy bien qué "está haciendo el brazo izquierdo".

En la encapsulación, el protagonista se siente atrapado, incapaz de eludir su "destino". Trata de engañarse a sí mismo y de embaucar a otros sobre su supuesta "normalidad". Se arriesga a ir a la cárcel debido a su reiterado comportamiento compulsivo, en situaciones que implican la violación de la ley, con penas muy severas. Se convence a sí mismo de que está controlando la situación y que ya no es una víctima pasiva de abuso, porque inconscientemente él mismo ha creado la situación punitiva. Sin embargo, esta "red de seguridad" tan cuidadosamente preparada es ilusoria, dado que no tiene fundamentos firmes; es una estructura precaria que en cualquier momento puede derrumbarse, dejándolo expuesto a burlas, humillación y ridículo.

Este es el resultado de un superego tiránico.

Punible Por Ley Externa Y/O Interna: Clamor Público O Íntimo

Puede resultar más útil y efectivo tratar de clasificar las situaciones sexuales inusuales teniendo en cuenta si son o no son punibles por ley. Esto nos proporcionará indicios sobre los procesos internos que llevan a individuos que conocen sus vulnerabilidades a buscar poder, control y autoridad, y haciendo esto correr el riesgo de ser "desenmascarados públicamente", sometiéndose por consiguiente a la humillación y la "desgracia" que tendrán un severo impacto en ellos y sus familias.

Como es obvio, esto es relevante y al mismo tiempo está vinculado al poder externo, dado que, como explicamos en la sección de encapsulación, implica no sólo una ruptura con el resto de la personalidad sino también una mentira privada. ¿Cuáles son las motivaciones internas que llevan a una persona a adoptar una posición *pública* en la que se sentirá vulnerable y expuesto a la amenaza del chantaje? Es posible que esta sensación de peligro aumente en realidad la excitación que se busca. En ocasiones puede fácilmente desencadenar una situación de vida o muerte, como en el ejemplo de Houdini. Estos individuos pueden estar en posiciones de poder y autoridad como resultado de un superego cruel y hasta sádico, que ha tomado por completo el control.

Con frecuencia nos enteramos, por los medios de comunicación, especialmente los sensacionalistas, sobre individuos atrapados en público en las situaciones más humillantes, que ponen al descubierto sus "secretos" profundamente encapsulados.

La reacción escandalizada de la sociedad es, en cierta forma, una respuesta a la sensación de sentirse engañada por alguien que había parecido tan "normal", en contraste con el monstruo que ha desvelado su comportamiento. Nadie lo sabía, ni siquiera sus amigos más íntimos y las personas que lo amaban.

¿Por qué es tan profunda esa sensación de repudio? Pues porque refleja el hecho de que estos individuos suelen ser conocidos por sus opiniones y actitudes muy conservadoras y moralistas. Este tipo de actitudes suele alcanzar características particularmente prejuiciosas y perjudiciales hacia otras personas pertenecientes por lo general a grupos minoritarios, los más vulnerables al abuso. Esas posturas emanan de lo que ellos temen sea su índole verdadera, íntima, y al ser desenmascarados quedan en evidencia sus mecanismos de identificación proyectiva.

Aquello que criticaron con tanta firmeza cuando lo encontraban en otras personas, era en realidad una parte de sí mismos que ellos detestaban profundamente. Como tal, debía ser expulsado, "vomitado" diríamos, sobre otros. Este sentimiento de auto-disgusto, apenas contenido, era una cobertura, una especie de capote tejido con hipocresía. De acusar a otros desde una posición de poder casi feudal, se encuentran de repente en las capas más bajas de la sociedad, objetos de castigo y escarnio. Esta comprobación los sumirá en una honda depresión o, sintiéndose atrapados, tratarán infructuosamente de ocultar o negar los hechos contra toda evidencia.

Desde una perspectiva diferente, podemos ver que la "experiencia cercana a la muerte" en realidad opera como un reaseguro de que el sujeto está vivo. (Conviene recordar en este sentido el ejemplo de Houdini.) Los individuos en puestos públicos se sienten atrapados por dentro y por fuera. Existe una sensación de doble moralidad, de duplicidad, que puede precipitar nueva excitación al servicio del superego. El temor de ser atrapado, junto con la consiguiente humillación fantaseada, los lleva a una posición de riesgo y excitación simultáneos y superpuestos, aunque no paralelos. Esto contribuye a la erotización de la muerte como la sentencia final.

De hecho, cuando son atrapados, tras sufrir enormes pérdidas de todo tipo, estos individuos experimentan sin embargo una pronunciada sensación de alivio por haber perdido su impunidad. Ya está a la vista de todos la verdadera naturaleza de aquello que les produce tanta angustia, dolor y sufrimiento, y entonces tienen una oportunidad de ser "juzgados" como realmente son.

Engaño y pornografía operando al unísono

Recuerdo el caso de un paciente que fue referido a la Clínica debido a su hábito de utilizar pornografía como su única forma de gratificación sexual. Solía presentarse como un fotógrafo de modas, abordando a las mujeres en el corazón comercial de Londres; les decía que eran muy hermosas y que él estaba dispuesto a iniciarlas como modelos en avisos de ropas exclusivas y caras. Tras este preludio, las invitaba a la sala de conferencias de un hotel cercano, donde les pedía que se descubrieran los senos, algo que, según él, era esencial para el proceso de selección. La mayoría de las mujeres accedía a su pedido, incluso cuando él comenzaba a acariciarles los senos y besarles los pezones. Posteriormente se disculparía con ellas y las invitaría a una taza de té antes de que se marcharan. El paciente dijo que nunca nadie se había quejado. Pero en vez de mostrarse agradecido con este perdón tácito, hablaba de las mujeres con desprecio. En su opinión, ni su madre ni su hermana hubieran aceptado sus pedidos, y por consiguiente las víctimas merecían su comportamiento deshonesto. En nuestro trabajo posterior, pudimos revelar que esto era una demostración de su desprecio por las mujeres, debido a su sensación de marginación a causa de la ausencia de su padre y a la intensa relación entre su madre y su hermana, que acostumbraban a denigrarlo.

Algunas de las características esenciales de la pornografía tienen que ver con una completa ausencia de empatía hacia la otra persona, a la que se trata como si no existiera: se convierte en una cosa, un fetiche. Existe allí una fuerte deshumanización de la otra persona, que es percibida como un objeto destinado a satisfacer los propios deseos sexuales.

Esto puede estar acompañado por una hostilidad encubierta, como lo demuestra con claridad el siguiente ejemplo.

ANHELO DE HOMICIDIO
ENCUBIERTO COMO AUTOLESIÓN

Este ejemplo demuestra que aun cuando una mujer habla de ser peligrosa para otras personas y hasta se jacta abiertamente de ello, existe una profunda tendencia subyacente al autodesprecio y el odio dirigidos hacia su propio cuerpo.

Una paciente de 26 años me dijo que fantaseaba con despedazar los cuerpos de hombres desconocidos. En estas fantasías los atraería con diversos pretextos, como el de cooperar en determinadas actividades, pero en todo momento con un designio homicida. Se jactaba de ser "extremadamente peligrosa" y hasta de haber matado a varias personas, pero no había forma de saber si estas afirmaciones eran reales o meras fantasías.

¿Cuál era su verdadero problema? Comía vorazmente, hasta desarrollar una obesidad extrema. Se tajaba y quemaba su propio cuerpo, concentrando estas agresiones en las zonas erógenas. También se provocaba heridas y hematomas en zonas expuestas de su cuerpo, visibles a todos. Al principio trató de racionalizar este comportamiento diciendo que era una forma de proteger a otras personas de sus deseos homicidas. Sin embargo, cuando comencé a explorar sus afirmaciones en un nivel más profundo, admitió a regañadientes que el evidente desagrado y la incomodidad que provocaba en otras personas con la exposición de sus heridas (algunas veces abiertas, sin cicatrizar), le proporcionaban una honda sensación de gratificación y placer. Dijo que al lastimar su propio cuerpo se proponía castigar a todos los demás. Pero es evidente que su argumentación pasaba por alto el daño que se infligía a sí misma. Estos actos sádicos y masoquistas son una característica típica de los desórdenes mentales femeninos, aunque a veces están presentes en varones adolescentes que se sienten particularmente vulnerables y aislados. Una vez más advertimos que el dolor experimentado es una evidencia de estar todavía vivos.

En una ocasión, un motociclista reaccionó furiosamente ante la forma imprudente en que ella estaba conduciendo. Finalmente, con dificultad debido a su obesidad, ella pudo salir de su pequeño coche. El hombre, sorprendido, le dijo con pronunciado desprecio: "Tu cuerpo es repugnante, es obsceno, especialmente considerando que muchos en el tercer mundo están muriendo de hambre. Es pornografía". De repente, la ira de mi paciente se convirtió en un ataque de llanto. Estaba furiosa, pero al mismo tiempo se sintió atrapada al darse cuenta de que la forma en que trataba su propio cuerpo era percibida no solo como una agresión contra sí misma sino también contra todos los demás. En el "espíritu homicida" que la llevó a ese enfrentamiento, era fácil para ella darse cuenta de que ya no podía insistir con su vieja letanía: "Si alguien me dice que está mal quemarme y cortarme, yo digo que no hay nada malo en ello; mi cuerpo me pertenece y está exclusivamente bajo mi control."

A través de este ejemplo vemos cómo las mujeres pueden, consciente o inconscientemente, odiarse a sí mismas por ser mujeres. El motociclista, totalmente desconocido, había interpretado correctamente sus motivaciones inconscientes. Por lo demás, y ya con menor claridad, hasta podría haber estado reaccionando en forma inconsciente ante los deseos de mi paciente de asesinar a todos los hombres.

CUATRO

Violación Y Abuso Sexual
En La Niñez

**"Estoy decidida a ser una buena madre...
incluso si debo matar a mis hijos"**

La situación que describiré a continuación, casi inconcebible, corresponde a la condición de una mujer que nació como resultado de una violación particularmente violenta.

"Doris" ha intentado matar a sus cuatro hijos y suicidarse por lo menos en tres ocasiones. Se ha convencido de que los niños están "dañados" físicamente desde el momento en que nacieron, porque ella les pasó los genes del abuelo -el violador- y también psicológicamente debido a que ella fue una mala madre cuando estuvo deprimida e incapaz de hacerse cargo de ellos. La paciente no
lamenta sus intentos de infanticidio y suicidio: por el contrario, se siente avergonzada porque no tuvo éxito. Insiste en que preferiría verlos muertos antes que seguir soportando el sufrimiento que ha

experimentado. Conviene aclarar que en sus planes nunca contempló la muerte de su marido.

La mujer estuvo internada previamente en un establecimiento de mediana seguridad durante unos diez años; fue tratada con medicación y una prolongada serie de electroshock terapéuticos.

Antecedentes

Doris nació como resultado de una violación particularmente brutal, en un país donde se libraba una guerra civil y una región controlada por la oposición política al régimen central. Su padre nunca fue identificado: al principio se lo creyó de una nacionalidad extranjera, pero luego se supo que había sido un informante de las autoridades en el mismo país.

En sus propias palabras: "Mi nacimiento fue la vergüenza de la familia… Cuando nací lo mejor habría sido que me arrojaran por la ventana al río que corría al fondo de la casa, pero lamentablemente nadie se molestó en hacerlo."

Fue criada en la casa de su abuela, en la que todas eran mujeres; su madre y sus tías la sometían constantemente a humillaciones y vejaciones.

Cuando tuvo ocho años murió su abuela, con quien había tenido su "única relación que podría describirse como buena". Poco después, su madre se casó y su nuevo marido no tardó mucho en comenzar a golpear y abusar sexualmente de Doris. En este abuso sexual también llegaron a participar amigos varones del padrastro. Por las noches no se permitía a la niña permanecer en la casa, obligándola a dormir en la calle, donde solía deambular.

A los catorce años quedó embarazada, aunque no fue completamente consciente de esta circunstancia: recuerda vívidamente que estaba en el baño cuando nació el niño. Su padrastro, el presunto padre de la criatura, estaba con ella, impidiendo que ninguna otra persona entrara en el baño. Tras el parto, el hombre tomó al niño y en una escena terrible, que forzó a Doris a contemplar, lo envolvió en hojas de periódico, lo empapó con combustible y lo encendió.

Poco tiempo después, Doris dejó la casa y comenzó a trabajar en una escuela, ayudando a niños con dificultades intelectuales. Luego decidió capacitarse como enfermera. (Es frecuente que una vida con experiencias traumáticas despierte una "vocación" para trabajar en apoyo de sectores vulnerables.)

Trabajando de enfermera conoció y se casó con un forastero, un inglés, con quien se mudó a Inglaterra y tuvo cuatro hijos.

Al principio pudo atender los asuntos de la casa y del cuidado de sus niños en una forma adecuada, pero la congoja sin resolver finalmente reapareció y algunos años después, tras la muerte de su madre, trató por primera vez de matar a sus hijos y suicidarse.

Este intento puede ser interpretado en el sentido de que nuestra paciente era "forzada" a renunciar a su madre como el "mal objeto" de su infancia para entonces asumir ese papel ella misma, convirtiéndose en la "mala madre", pero para ella era poder desligarse de su madre mala e intentar convertirse en la "buena madre".

Diez años después, tras una histerectomía, Doris trató por segunda vez de matar a sus hijos y suicidarse. Comenzó a sentirse crónicamente deprimida, por lo que fue tratada con antidepresivos. Se rehusó a hablar y no salió de la cama durante casi cuatro años. Fue tratada con una serie de electroshock.

El tercer intento se registró después de un operación ginecológica reconstructiva; se tornó menos comunicativa, negándose a comer y hasta beber. Esta vez trató de envenenar a sus hijos (que por entonces ya tenían 27, 24, 22 y 17 años) dándoles té en el que había disuelto pastillas de remedios recetados a su marido, y luego ella ingirió una sobredosis.

A raíz de este último intento mi paciente fue detenida en el marco de la Sección 3 de la Ley de Salud Mental de 1983, siendo transferida a una Unidad de Seguridad Regional para su observación y tratamiento. Nuevamente recibió allí tratamiento de electroshock y su depresión pareció aliviarse. Con frecuencia, sin embargo, se mostraba violenta, rompiendo ventanas o utensilios en su sala y arrojando objetos contra los miembros del personal. En una ocasión destruyó todos los informes médicos sobre su caso. También mostró impulsos suicidas en forma intermitente.

Al igual que tras su primer intento de homicidio, comenzó a tener recuerdos de episodios traumáticos que le provocaban gran sufrimiento. El asesinato de su primogénito varón (a quien secretamente llamaba Richard), cuando ella sólo tenía 14 años, seguía siendo el principal foco consciente de todas sus preocupaciones e inquietudes. Ese trauma fue el desencadenante de su culpa de superviviente.

La paciente tiene la sensación de que no le está permitido sobrevivir a Richard, y que sus cuatro hijos supervivientes deben compartir el mismo destino. Al fin y al cabo, en sus representaciones mentales, no sólo son nacidos de su cuerpo sino también extensiones de su cuerpo y su mente. A medida que su salud física mejora, estas imágenes de pesadilla visitan su mundo interior cada vez con mayor ferocidad, inflamando su creciente ideación suicida y sus impulsos homicidas. O sea que ella experimenta en su mundo interior su mejoría física con el retorno a sus ideaciones homicidas y suicidas. No le está "permitido" tener una vida normal.

Todos sus intentos de matar a sus hijos fueron perpetrados de la misma forma: tal como una madre que alimenta a sus hijos, lo hizo mediante comida o bebida envenenadas.

Derivación a tratamiento

Inicialmente, la diagnosis de Doris fue que padecía un severo trastorno de personalidad; luego se diagnosticó una depresión crónica severa y eventualmente un severo trastorno de estrés postraumático. En este cuadro, la psicoterapia fue considerada una posibilidad y por ello fue transferida de una unidad de mediana seguridad a otra en la que fue posible la evaluación de su idoneidad para un tratamiento de psicoterapia analítica. En la carta de derivación se incluyó un pedido de evaluación de los siguientes puntos particularmente relevantes:

⇒ Hasta qué punto la paciente podría beneficiarse con la psicoterapia y, de ser así, qué tipo de terapia.

⇒ Hasta qué punto existía un riesgo mayor de que se quitara la vida; y

⇒ El grado de peligro de un nuevo intento de atentar contra las vidas de sus hijos.

Yo decidí ofrecer a la paciente una serie de consultas de diagnóstico con el fin de apreciar la urgencia requerida para explorar la relación creada durante nuestros diferentes encuentros.

Conociendo la proximidad de mi retiro del Servicio Nacional de Salud (NHS), porque yo se lo había dicho desde el principio, Doris comenzó entonces una psicoterapia semanal conmigo que se extendió durante cinco años. El siguiente es un breve resumen de ese periodo de psicoterapia.

Durante los primeros tres años, mientras estuvo internada en la unidad de mediana seguridad, a una distancia de dos horas por carretera desde la Clínica, acudía a las sesiones en ambulancia, escoltada por dos enfermeros.

A medida que se registraban cambios positivos, le dieron permiso para pasar fines de semana con su familia, en su casa, y finalmente esas visitas se prolongaron en duración y se hicieron más frecuentes.

Tres años después del comienzo de la psicoterapia, Doris fue liberada de la unidad de mediana seguridad y comenzó a vivir en su casa con su marido. Desde entonces, vino a mi consulta por su propia iniciativa y utilizando el transporte público.

Durante su periodo de terapia trajo mucho material escrito, incluyendo sus propios poemas y sueños, por los que podía advertirse que, a pesar de estar psicológicamente tan dañada, era una persona muy creativa y de gran sensibilidad.

Hacia el fin del periodo de terapia Doris se convirtió en abuela, ya que su hija tuvo una niña. Durante todo ese tiempo se mantuvo en frecuente contacto con sus hijos y trabó una relación bastante estrecha con su nieta, a quien continuó viendo con frecuencia.

Como terapeuta diré que tener esta experiencia singular, adquirida solo a través de una psicoterapia psicodinámica profunda, nos ofrece a los profesionales una plétora de conocimientos y percepciones excepcionales sobre alguien que haya experimentado tanta violencia, ligada en forma tan íntima a la sexualidad y a la procreación, desde el momento de la concepción en adelante.

Creo firmemente que la violencia y la predicción de una violencia futura son diferentes para ambos sexos. El cuerpo, la sexualidad y la violencia están inevitablemente ligados, y los atributos físicos, biológicos y anatómicos son factores primarios en la gestión de actos violentos con numerosos simbolismos y efectos que en ocasiones son compartidos por hombres y mujeres, pero que otras veces son claramente diferentes. Esas son las características distintivas que me gustaría analizar, refiriéndome a las mujeres en general pero en forma particular a Doris.

Nuestros propios atributos femeninos en relación con la fecundidad, nuestra capacidad de quedar embarazadas y ser madres, son en sí mismos rasgos esenciales para la comprensión de la violencia en general. Después de todo, somos nosotras las que llevamos las nuevas vidas en nuestros cuerpos y atendemos a sus necesidades. Hemos invertido tanto en nuestra empresa maternal que deseamos obtener los mejores resultados. Pero de vez en cuando nos sentimos asaltadas desde el interior de nuestro ser por la comprensión de que acaso no seamos capaces o no estemos equipadas para satisfacer todas las necesidades que impone la maternidad. Nuestro propio legado emocional, a pesar de nuestras mejores intenciones, se puede interponer en nuestro cometido de proporcionar un cuidado permanente, consistente, y es entonces cuando no somos capaces de contener la violencia.

¿Cuál es el significado de ser el resultado de una violación brutal, especialmente cuando el nuevo ser es una niña? ¿Qué tipo de objetos internos pueblan su mundo interior? ¿Cuáles son sus representaciones mentales? ¿Tiene ella, mentalmente, la experiencia de que al ser una mujer es como su madre, el objeto de una violación y, como tal, un cuerpo femenino débil, dominado, lacerado, inerte, abandonado tras la orgía de un hombre violento que solo busca la gratificación sexual? ¿Cuál es, entonces, la idea que esa niña se formará en su mundo interior de un padre que esparce su simiente en una forma tan irresponsable y brutal?

Aunque hay muchas menos mujeres que hombres involucradas como perpetradoras de crímenes violentos, es importante tener en cuenta que hay mucha más violencia en el hogar que en las calles. Y no sólo son mujeres las víctimas de la violencia doméstica; en ocasiones ellas mismas son abusadoras de sus parejas. Y no olvidemos que los niños son los miembros más vulnerables de la familia, objetos de una gran violencia por parte de sus madres y padres, así como testigos de la discordia entre sus padres, actuada a través de actos de violencia.

Las mujeres pueden ser protagonistas activas de actos de violencia no muy diferentes de aquellos perpetrados por hombres. Por ejemplo, la violencia suele estar oculta al mundo exterior, registrándose en el ámbito doméstico, generada por la frustración de las mujeres. En esos casos, el abuso suele ser descargado sobre los niños, los seres más queridos, los más cercanos... y también los más vulnerables.

He observado en varias ocasiones a jóvenes mujeres víctimas de graves abusos sexuales experimentando la necesidad de gestar un bebé, a veces en una forma repetitiva, compulsiva. Detrás de esos embarazos hay muchas motivaciones conscientes e inconscientes, vinculadas a la necesidad de hallar evidencias internas de que sus cuerpos no han sido irremediablemente destruidos por el abuso. Cada bebé trae consigo la evidencia de que el aparato reproductor de su joven madre no ha sido perjudicado gravemente. Pero la validez de esa "evidencia" es de corta duración, dado que es "externa", mientras que el horror en el mundo interior no ha cambiado, de modo que el proceso comienza nuevamente.

Es esencial comprender que estos procesos violentos forman parte de un ciclo multi-generacional de violencia y abuso iniciado por lo menos dos generaciones antes. Esta comprensión permitirá evitar los juicios morales superficiales y posibilitará la preparación de los planes terapéuticos para interrumpir el ciclo.

Apuntes para la comprensión psicodinámica del caso de Doris

Los actos homicidas y suicidas de Doris están consistentemente enlazados con asuntos relacionados con la maternidad y pérdidas asociadas a ella.

La muerte de su abuela, la única figura estable en su vida, no sólo pudo haberla dejado totalmente desolada, sino también incapaz de experimentar algún pesar, en particular porque su madre y sus tías la humillaban en forma permanente. La asombrosa sucesión de episodios de abuso sexual que le infligieron su padrastro y los amigos de éste pueden haberla llevado a una defensa maníaca, una forma de distanciarse de lo que estaba ocurriendo, reemplazando al dolor "prohibido". Es posible que haya experimentado, al convertirse en el objeto sexual de esos hombres, una identificación con la madre remontándose al momento en que fue violada por su padre.

El abuso sexual sufrido por Doris culminó al dar a luz, a los 14 años, a un niño que fue asesinado por el padrastro de ella, padre de la criatura. En su mente, el episodio se convirtió en la recreación de su propio nacimiento, viéndose ella misma como el bebé odiado, un objeto de la barbarie y el salvajismo. La diferencia es que el niño murió, mientras que ella sigue viviendo.

La situación de esta mujer muestra que con sus intentos homicidas puede haber tratado de proteger a sus propios hijos. Puede haberse sentido tan abrumada por la vergüenza de su propio nacimiento que sólo pudo preservar su propio ser (como una entidad psicológica) mediante el sacrificio de su propio cuerpo y de los otros seres creados en el interior de ese cuerpo.

¿Estos actos fueron motivados por la culpa del sobreviviente o podrían tener una naturaleza altruista? Al fin y al cabo, se proponía salvar a sus hijos de la vida que ella misma había vivido. Quería que sus hijos muriesen, tal como ella deseaba haber sido matada al nacer. Estaba resentida y repudiaba a su madre por no haber hecho eso, dado que ella se considera a sí misma como un "mal objeto", el resultado de una brutal violación por un delator, el más despreciable de los enemigos públicos en el plano político.

La comprensión del caso de esta paciente también tiene, paradójicamente, otras dificultades: por ejemplo, ¿cómo fue posible que esta mujer haya sido capaz de criar a cuatro hijos, durante sus respectivas infancias, sin ninguna manifestación grave de mal comportamiento? Podríamos especular que su "única buena relación" con su abuela, hasta la edad de ocho años, facilitó una identificación saludable con ella durante ese periodo, y esto habría determinado que fuera capaz de criar a sus niños durante esa etapa sin complicaciones graves.

Esa "experiencia suficientemente buena" puede haber sido la causa de que aceptara la terapia que le ofrecimos, en cuya experiencia yo era la representación de su abuela, imagen que ella utilizó exitosamente luego, al convertirse en abuela de una niña.

La psicoterapia atravesó varias fases diferentes, durante las cuales pude constatar su crecimiento emocional y los cambios físicos en su cuerpo.

Primera etapa: Temor de ser abandonada o rechazada de repente y necesidad de ser tranquilizada. Doris mostró al principio cierta perplejidad por haber sido aceptada para terapia, y me desafiaba constantemente porque estaba convencida de que muy pronto yo me daría por vencida y me negaría a tratarla.

Durante la sesión antes de la Navidad del primer año de tratamiento, Doris exigió una y otra vez que le prometiera no rechazarla y que volvería a tratarla.

En varias ocasiones se negó a dejar el consultorio al final de las sesiones.

Acostumbraba a montar en cólera ante mis silencios: "¿Por qué no está dispuesta a responder a mis preguntas? Yo respondí a las suyas. Ya no sé qué hacer, cómo reaccionar ante su silencio, tan persistente, tan perturbador. ¿Es castigo? No puede haber ninguna comunicación si no hay bases para establecer una confianza mutua. ¿Podemos llegar a un entendimiento entre nosotras? ¿Me hará saber cuando está furiosa conmigo y por qué? ¿Me explicará qué es lo que puedo esperar de todo esto?"

Solía traer a la consulta todo tipo de bebidas, especialmente las más azucaradas, que podrían agravar la diabetes que había desarrollado, con la intención de comprobar si yo estaba alerta para señalarlo.

Era obvio que estaba sintiendo y representando su falta de confianza en mi capacidad para "alimentarla" en forma apropiada. También representaba su sensación de falta de contención y cuidado.

Segunda etapa: Agresión transferencial contra su temor de dependencia. Al comienzo del tratamiento, en momentos de agitación y frustración, Doris reaccionaba ya sea con ira e impulsividad excesivas o cayendo en un estado de despersonalización, como entumecida, una especie de autómata obediente.

La segunda fase se caracterizó por un enorme enfado expresado abiertamente contra mí, que interpreté como un indicio de que la paciente estaba desarrollando una incipiente confianza en mi persona. Solía mostrarse irritada y luego montaba en cólera, arrojándome objetos, como lapiceros y sujetapapeles. En ocasiones enmascaraba su hostilidad bajo un velo de afectuosa preocupación: "No quiero verla cuando usted no está bien. No es bueno para usted ni para mí. Usted no estuvo bien la semana pasada, me miraba con ojos embotados pero al mismo tiempo encendidos de irritación," decía.

Cuando supimos del embarazo de su hija, se mostró más agitada de lo que era habitual en ella. Me dijo que si podía hablar abiertamente sobre sus propias experiencias y sus sentimientos "horribles" sobre el embarazo de su hija, yo experimentaría repugnancia y, finalmente, no tendría otra opción que rechazarla. A medida que mis interpretaciones y comprensión de la transferencia negativa se hacía más clara, ella comenzó a pensar (y en esto atinó con una observación muy filosa) que "el terapeuta se convierte en el violador". Esto es más claro en inglés: "*The therapist becomes the rapist*". En su experiencia, yo era demasiado penetrante para su propio bien. En las sesiones de esta etapa exploramos sensaciones de intenso odio y envidia. Ella apenas podía tolerar mis interpretaciones y con frecuencia intentaba dejar las sesiones debido a la furia que sentía hacia mí. Esta sensación era reemplazada de inmediato por una culpa de naturaleza muy invasiva, que la llevaba a ofrecimientos "maternales" de cuidarme.

Tercera etapa: Los dolores del crecimiento. Cuando Doris comenzó a contemplar el inminente nacimiento de su nieta, su actitud estuvo marcada por momentos de jovialidad. Su apariencia física había cambiado mucho desde su primera visita. Entonces había estado excedida de peso, casi obesa, y caminaba muy despacio, con un andar de autómata. Ahora estaba más delgada y su apariencia general había mejorado en forma notable: caminaba con naturalidad, se peinaba con más cuidado y hasta se aplicaba algún cosmético, con lo que parecía más joven. De repente me descubrí comportándome casi como la madre de una adolescente rebelde, observando la metamorfosis con placer.

Tras el nacimiento de su nieta, me trajo fotografías de ella con la niña. Su comportamiento se tornó más plácido.

Comenzó entonces un proceso de doble identificación, en que ella misma era abuela y nieta en el pasado y también en el momento presente. Se permitió a sí misma gozar la situación, en cierta medida, y desarrollar una creciente relación con su nieta. Demostró una genuina y profunda satisfacción al cuidar de la niña y desarrollar la relación mutua.

Doris comenzó a hablar con un sentido de la realidad sobre el desarrollo físico y emocional de su nieta, al decir que "muy pronto la nena se alejará de mí en busca de otras cosas de la vida, más atractivas".

Al escucharla, me pareció apropiado hacer una interpretación de la que ella ya era consciente: el hecho de que un momento similar estaba llegando para nosotras dos. Ella es la niña que se alejará de mí debido a mi inminente retiro de la Clínica. Esto es un agudo contraste con su previa "creencia" en que yo sería un sustento emocional, el apoyo que estaría disponible hasta el momento de su muerte. Previamente, al enterarse de la inevitabilidad del fin de su terapia conmigo, dio muestras sucesivas de apatía, agitación y enojo. Me dijo que sentía aprensión de su vida futura y que concretamente mi retiro significaría para ella su propio retiro de la vida. Quiso saber si yo "iba a arreglarla" antes de marcharme, y de no ser esto posible, qué o quién le ofrecería a cambio.

Al regreso de mis vacaciones de verano me encontré con que Doris estaba viviendo en forma permanente con su marido, en su casa. En la primera sesión manifestó cierta confusión y me dijo que, al venir al consultorio, se había perdido en la estación donde debía cambiar de tren.

Advertí que parecía mucho más contenida, y cuando le dije que no la encontraba tan agitada como otras veces, que me daba la sensación de estar relajada, aceptó la observación. También fue evidente que estaba dispuesta a marcharse sin demoras al finalizar la sesión. Dijo que esta vez todo había estado bien, que podía ver que yo no estaba enojada con ella. Y entonces se marchó.

Cuarta etapa: Contacto con la realidad. Doris comenzó a experimentar una preocupación constante sobre su matrimonio y su percepción del total desapego de su marido, no solo respecto de ella sino de cualquier persona, a pesar de que siempre había sido percibido como el "buen tipo" de la familia. Él resintió profundamente el mejoramiento de Doris, porque una de sus consecuencias importantes fue que ella comenzó a demostrar más seguridad, hallando no sólo su propia voz sino sus sentimientos e ideas. Esa fue la primera vez que se habían dado las condiciones para que ella utilizara y desarrollara su propio modo de pensar, y hasta para que tuviera una mentalidad propia y definida.

En cierto sentido, también devino un signo de sanidad mental el hecho de que fuera capaz de seguir en contacto con su tortura mental sin retornar al estado de "autómata" por el que atravesó después de su segundo intento de homicidio/suicidio, cuando permaneció en el hospital completamente incomunicada y aislada, una condición que requirió la aplicación de electroshock.

Hasta sus intentos homicidas y suicidas habían pasado casi inadvertidos. Su marido era el mártir, la persona que siempre la "apoyaba" y cuidaba. Esto puede ser tan intolerable que existe la posibilidad de una regresión a un estado de profunda depresión y falta de comunicación, devolviéndola a una condición de "autómata".

Es en este punto donde se enreda el proceso de identificación con el agresor que domina las vidas de personas que han sido abusadas. Los dos hombres que aparecen en forma más visible y significativa en su niñez y adolescencia son extremadamente violentos y sádicos, y ambos han estado ligados sexualmente a su madre. Su padre biológico es responsable de un nacimiento odiado y repudiado por todos. Su padrastro es responsable a su vez de una nueva denigración, su abuso sexual y, luego, el asesinato de su primogénito. ¿Están ambas figuras amalgamadas en una? Violencia, sexualidad y sadismo son los ingredientes mezclados en su carácter psicológico. Su elección de pareja, que superficialmente parece ser inusual, en el sentido de que él es capaz de ofrecer estabilidad y apoyo pero simultáneamente no tolera que ella atine a comunicar sus propios sentimientos, se revela como una opción sádica. Es interesante observar que ella nunca fue acusada formalmente y que su marido optó por el papel de hombre leal que ofrece apoyo, pero que también se rehúsa en forma consistente a tomar las cosas con seriedad.

***

No todos los eventos traumáticos pueden estar integrados en la experiencia: existe un límite a la tolerancia de los pacientes muy traumatizados. Algunas experiencias permanecerán sin transformarse en sus mentes.

Esto me ha llevado a pensar y discutir con colegas sobre modificaciones en técnicas psicoterapéuticas en el trabajo con pacientes que han sufrido traumas graves o muy temprano en sus vidas, en los cuales el pensamiento simbólico está frecuentemente ausente. ¿Hasta qué punto y por cuánto tiempo nos podemos aventurar con estos pacientes a hacer interpretaciones que, aunque certeras, puedan perder todo su valor terapéutico porque ellos las interpretan como penetrantes y violatorias, por lo cual no pueden absorberlas, digerirlas y procesarlas? En efecto, ¿hasta qué punto el terapeuta es tentado o forzado, durante el proceso terapéutico, a convertirse en una especie de perpetrador? Yo creo que el terapeuta no debe abstenerse de interpretar la transferencia negativa, especialmente en la etapa inicial, cuando los pacientes necesitan agudamente el reconocimiento y comprensión de sus experiencias negativas. Por otra parte, el profesional debe permanecer en alerta sobre los límites de lo que sus pacientes pueden absorber, para seguir siendo el terapeuta y no convertirse en El Violador.

EL PAPEL DE EXPERTA
ANTE UN TRIBUNAL DE FAMILIA

A pesar de mi prolongada experiencia de más de 30 años trabajando con graves psicopatologías en la Clínica Portman y antes en el Hospital Henderson, permanecí apartada de procedimientos judiciales, debido a diversas y complicadas razones, entre ellas un saludable temor a ser interrogada, acosada y humillada por los abogados. Dejé de lado esta actitud cuando un *guardian ad litem* (persona nombrada por un tribunal para considerar posibles soluciones para la exclusiva protección de menores), que había leído mi libro *Mother, Madonna, Whore* (Madre, Virgen, Puta), me dijo con bastante agresividad que era una desgracia que me hubiera negado a dar testimonio ante un tribunal. Decidí entonces aceptar mis responsabilidades y accedí a aparecer como asesora experta de aptitudes de padres y madres en casos de disputas entre familiares. Inicié así una larga y azarosa jornada que me enseñó mucho sobre relaciones de pareja muy perturbadas e inquietantes. El siguiente es uno de los casos en cuestión.

"PAREJA CULPABLE DEL ASALTO SEXUAL DE SU PROPIA HIJA"

No cabe duda de que la mayoría de los lectores,

si no todos, ha visto titulares de este tipo en los periódicos. Algunos habrán reaccionado con incredulidad, otros con triste reconocimiento de la realidad, pero todos habrán sentido una profunda indignación. A menudo me digo que es un gran alivio que los Servicios Sociales estén ahora mucho más alertas y conscientes de la existencia de este tipo de situaciones de abuso.

Este conocimiento les permite intervenir cuando resulte necesario, a diferencia de aquellos tiempos cuando la incredulidad y la negación interferían con cualquier posibilidad de descubrir este tipo de abusos.

A través de la descripción de la experiencia de una mujer, "Marie", a quien traté hace algún tiempo, me propongo iluminar las posibles causas que subyacen en estos abusos, que yo denomino de "vinculación maligna".

Evaluación de las aptitudes maternales de Marie

Hace algunos años vi a Marie, a pedido de un tribunal de familia. Debía evaluar su capacidad para hacerse cargo en forma responsable de su hija de ocho años, "Annie", quien ya había sido colocada al cuidado de padres sustitutos.

Marie daba la impresión de ser una mujer tímida y algo remilgada, que parecía más joven que su edad cronológica de 34 años. Ella y su marido habían admitido su culpabilidad en dos casos de atentado contra el pudor de su propia hija.

Al principio accedí a verla para una evaluación de cinco sesiones en la Clínica, mientras su marido era atendido por un colega. Esto último fue imposible de lograr, dado que para entonces ella había decidido, tras prolongada vacilación y muchas dificultades, separarse de su marido. Había comprendido, y podía reconocerlo, que sin proponérselo se había casado con un pedófilo. Al explorar sus antecedentes pude comprender su propensión inconsciente a ser una candidata ideal para las estrategias de *grooming* o seducción utilizadas por los pedófilos.

Fue el retoño más joven en una familia de catorce hijos; describió su nacimiento como "un accidente feliz" dado que fue la única niña y su hermano más próximo tenía diez años más que ella. Siempre se sintió como "una pequeña princesa", pero a medida que avanzaban las sesiones de diagnóstico comenzó a tener reviviscencias de ser la víctima de abusos sexuales por parte de todos sus hermanos. Este abuso pasó inadvertido para sus padres, demasiado negligentes o viejos para protegerla.

Me dijo que sus problemas habían comenzado cuando se encontró con quien ella describió con cuidadoso énfasis como su "exmarido". Por entonces tenía una relación con otro joven de su misma edad, pero tan pronto como conoció a este hombre se sintió atraída de inmediato por su virilidad, simpatía, don de gentes y confianza en sí mismo. Él era 18 años mayor y a ella le gustó la idea de que la cuidaría y tomaría la iniciativa de salidas en su automóvil. Esto era nuevo para ella, dado que su novio anterior no podía hacer nada de eso.

Tengo la impresión de que en su relación con este hombre mayor se estaba reviviendo una situación muy anterior en su propia vida familiar, perpetuando el modelo de ser la mujer inexperta mucho más joven que su edad cronológica. Es posible que se comportara en una forma algo infantil, aniñada, un patrón originado en su nacimiento inesperado, y esto puede haber sido un factor importante y hasta crucial para que este hombre, luego reconocido como pedófilo, se sintiera atraído por ella.

Un mes después de conocerlo decidió vivir con él, a pesar de algunas objeciones planteadas por sus padres. Un mes más tarde quedó embarazada de Annie y decidieron casarse. Al hablar de su casamiento, no dio la impresión de haber tenido una intención firme y propia, sino de haber seguido dócilmente los deseos e iniciativas de su marido. Tras un periodo de incredulidad ante lo que finalmente se supo de los motivos ocultos que inspiraron la atracción que su marido sintió por ella, Marie experimenta ahora repulsión: cree que su naturaleza es de un pedófilo crónico.

Marie dio el pecho a Annie hasta que tuvo tres años y medio; sabía que era demasiado tiempo pero disfrutaba haciéndolo. En general, sin embargo, le pareció difícil el proceso de la maternidad y no pudo o no supo controlar la situación cuando su hija comenzó a exhibir muchos problemas de comportamiento que se acumularon cuando empezó la escuela y se hizo evidente que no podía concentrarse. Annie siempre había dormido mal y además tenía problemas de alimentación, por los que Marie la llevó a varios médicos. Los informes de la escuela ya habían identificado esos problemas, pero los padres no tomaron con seriedad las recomendaciones.

Por entonces Annie había desarrollado una fuerte afición por los caballos y solía ir con su padre al establo para cuidarlos. Mucho después Marie se sintió abrumada al pensar que el abuso sexual infligido por su marido sobre Annie habría comenzado, en su opinión, cuando la niña tenía tres o cuatro años e iban juntos a cuidar a los caballos. Años después, la justicia lo encontró culpable del abuso sexual de otras niñas en ese mismo lugar. Es evidente en esto el primer y constante uso de la negación por parte de Marie, aplicada no sólo a su tácita participación en el abuso de Annie sino también al reconocimiento de la naturaleza y gravedad de la psicopatología de su marido. Esto resulta más obvio todavía al explorar el primer procesamiento por abuso: cuando su marido fue enviado a la cárcel, Marie rompió a llorar, lamentándose ante el hecho de que por mucho tiempo el hombre no podría ver a su hija, a quien tanto quería y cuidaba.

Me dijo que había estado pensando mucho sobre el abuso perpetrado por su marido sobre Annie, y que se había dado cuenta de que en un par de ocasiones su hija había tocado el tema: a la edad de seis años, por ejemplo, Annie le había preguntado, mientras estaban en la cocina, si era posible tener un bebé cuando el pene (la niña utilizó la forma coloquial inglesa *"willy"*, o "colita") de su padre se introducía en su "barriguita". En otra ocasión, también cuando Annie tenía entre cinco y seis años, su marido se había quejado de que Annie estaba diciendo un montón de mentiras a otros niños, entre ellas que había tenido relaciones sexuales con su padre en el establo. La reacción de Marie ante esto fue decirle a Annie que no debía "decir cosas como esas".

Marie se siente ahora "devastada" por esto, al darse cuenta de que es posible que Annie nunca más haya confiado en ella debido a su escepticismo e incredulidad iniciales. La verdad se descubrió cuando otros niños que frecuentaban el establo se quejaron del comportamiento sexual inapropiado que su marido tenía con ellos. La policía llegó al día siguiente y lo llevaron para interrogarlo. Ella fue interrogada en la casa. Marie no pudo ver a Annie durante un año después de ese momento, ya que las autoridades la colocaron de inmediato al cuidado de padres sustitutos.

Posteriormente, Marie me contó que su marido la había inducido a participar en la filmación de vídeos pornográficos, entre ellos algunos con la niña. En esto se expresó con mucho cuidado, pero en este contexto conviene mencionar que la primera vez que gozó la experiencia sexual fue con su marido, ya que con su anterior novio no había podido obtener ninguna satisfacción. Sea como fuere, el intercambio sexual con su marido se interrumpió después del nacimiento de Annie, aunque él la persuadió de hacer "otras cosas" para mejorar el aspecto sexual del matrimonio. Por entonces él trabajaba ocasionalmente como fotógrafo y tenía predilección por escenas de chicas jóvenes desnudas o ligeras de ropa en poses provocativas.

Al describir su participación en vídeos pornográficos, Marie me dijo que su marido había sido muy hábil para atraer su interés en una forma lenta y gradual. Si le hubiera dicho desde el comienzo que su propósito era hacer fotos y vídeos de ella en ropa interior, se habría escandalizado y podría haberse negado. Pero la forma en que él lo hizo fue seductora y pausada, como suelen hacer los pedófilos en sus tratos con chicas jóvenes e inexpertas, cortejándolas persuasivamente para obtener su consentimiento. Su marido comenzó a decirle que otros chicos, especialmente niñas más grandecitas, querían participar en la filmación de los vídeos. Ella se dejó atrapar por el deseo de estar "en escena" y terminó posando con medias de tirantes, lo que la llevó a creerse una modelo. Su marido le daba instrucciones estrictas sobre la ropa interior más adecuada para la ocasión y dónde encontrarla. También la persuadió de filmar la escena de una familia feliz, madre, padre e hija. Luego le pidió que participara en vídeos de madre e hija en escenas sexuales "inapropiadas", a lo que ella accedió.

Algún tiempo después, su marido le dijo que el próximo vídeo sería el último que filmaría con ella, porque ya era demasiado "vieja" para figurar en ellos. Esta fue la gota que colmó el vaso, pero poco después la policía lo arrestó, como he narrado anteriormente. Aún así, Marie sintió tristeza por la situación en la que se hallaba su marido, sintiéndose "responsable" por su encarcelamiento.

Finalmente, tras un periodo prolongado y extremadamente difícil de psicoterapia, Marie fue capaz de percibir con relativa claridad su propia "contribución", debido a su vulnerabilidad y los episodios previamente negados de ser abusada sexualmente por sus hermanos mayores.

CINCO

Qué Tienen Las Mujeres Que No Tengan Los Hombres

Es asombroso que las mujeres hayan sido consideradas inferiores a los hombres durante tanto tiempo y con tanta eficacia.

Muchas feministas considerarán como causante de esto a la teoría freudiana de la envidia del pene, pero Freud se limitó a seguir una tradición muy antigua. Aunque las mujeres siempre desempeñaron el papel central en el proceso reproductivo, no se les permitió una gravitación equivalente en el plano social. Así, la función de la mujer quedó restringida a ser el suelo fértil en el que el hombre ponía la semilla.

Podemos pasar de eso a otra teoría freudiana, la del complejo de Edipo, el deseo tanto de chicos como de chicas de tener relaciones sexuales con sus progenitores de diferentes sexos. Esto es de fácil resolución para un chico, que desearía a su madre, pero es más complicado para una chica. ¿Cómo podría alcanzar su independencia respecto de su madre y completar su propia identidad? Para Freud, el complejo de Edipo en las niñas se resolvía a través de la fantasía de que llevaban en su interior los bebés de sus padres. La "solución", en este marco, provenía del "factor de la procreación".

En el plano simbólico, el pene da a los varones un sentido de poder y superioridad que las mujeres fácilmente pueden envidiar. Pero la envidia del pene ha sido sobrevalorada: representa no tanto el órgano físico como la posición masculina de dominio del mundo. Es fácil, para todos, el recurso a puntos de vista míticos o prejuiciosos en los que siempre vemos a los hombres dotados de penes erectos, capaces de impregnar a cualquier mujer de su elección. Tendemos a olvidar que algunos hombres tienen penes con una vida propia, que no responden a deseos conscientes, y también dejamos de lado el hecho de que algunos son estériles. Estos hombres llevan una doble vida miserable, estando sometidos a una tremenda presión para consumar el acto sexual con muestras de virilidad y arrogancia que le permitan demostrar su sentido de "superioridad" masculina.

Lo que suele pasar inadvertido es que las mujeres que se sienten en una posición inferior tratan en una forma vicaria pero vigorosa de alcanzar sus propias fantasías de poder a través de sus órganos reproductivos, y también de actuar esas fantasías. Una mujer joven se siente torpe e insegura para controlar sus poderosos sentimientos ante los grandes cambios físicos y mentales que está viviendo, y en ocasiones carece del apoyo de su madre para captar en toda su dimensión el significado de su femineidad. Después de todo, mientras algunas madres de varones adolescentes presumen de ellos y obtienen una compensación narcisista cuando alguien comete un error sobre la naturaleza de su relación, esas mismas madres, con hijas adolescentes atractivas, se sienten humilladas por las observaciones elogiosas de hombres sobre sus hijas. La belleza fresca del cuerpo de una mujer joven origina un poderoso sentido de competición a medida que la madre envejece, especialmente cuando se aproxima la menopausia. Conviene enfatizar que no estamos hablando de un solo órgano, como es el caso con los varones, que al compararse con sus padres pueden sentirse pequeños e inadecuados, reconociendo así su inferioridad. Es raro que los padres estén en una competición con sus hijos varones tan abierta como es el caso de las madres con sus hijas.

El varón adolescente experimenta una transferencia de lazo afectivo de la madre a otra mujer con mayor facilidad que en el caso de la mujer adolescente, dado que el varón no necesita cambiar su primer "objeto de amor". La muchacha, en cambio, tiene que experimentar la transición del afecto por la madre al afecto por el padre. Y si ella es entonces rechazada por el padre puede buscar venganza en sueños de preñez.

El punto esencial radica en la capacidad femenina de procreación, cuya expresión es fundamentalmente diferente de cualquier experiencia masculina. Esta capacidad afecta en forma drástica no sólo la vida emocional de la mujer, sino también la representación mental de sus cuerpos y, concretamente, sus cuerpos físicos, aunque por un lapso limitado.

El segundo fenómeno, vinculado con la cadencia y la biología, es el "reloj biológico". Esto es particularmente importante en las decisiones adultas sobre maternidad, en particular cuando "se está acabando el tiempo".

Espacio interior y reloj biológico son fenómenos diferentes pero sus efectos se entrelazan en la experiencia femenina: algunas veces uno de ellos es más importante que el otro, y viceversa. El "espacio interior" suele ser el más importante durante la adolescencia, en relación con fantasías sobre preñez, mientras que luego se hace más dominante el "reloj biológico". En la menopausia, ambos concurren simultáneamente.

Llama la atención que la "envidia del pene" haya concitado tanta atención y reflexiones teóricas, hasta el punto de que el cuerpo femenino ha sido olvidado en este aspecto. Este es el equivalente *real* de la castración masculina, dado que su propósito es destruir lo que es más envidiado, en este caso la capacidad de procreación, de crear un nuevo ser.

Hay mucho para aprender de este proceso de envidia y de lo que significa para el otro sexo (en el sentido biológico) y el otro género (en el sentido sociocultural). La envidia del pene y la envidia del seno y el útero deben integrarse en una noción única, que puede desencadenar una envidia muy destructiva cuando se lleva hasta la consumación final. Ambos tipos de envidia son los desencadenantes de lo que eventualmente sobrevendrá: la explosiva comprensión de que los órganos femeninos y masculinos están juntos en el acto de la consumación, ingresando en un nuevo ciclo de madurez emocional y física en la comprensión de que ambos serán padres.

Esta combinación de órganos diferentes actuando juntos en la producción de sensaciones de plenitud salta a la vista y puede provocar reacciones extremas y perturbadoras en las personas que la presencian, aunque es sabido que la preñez puede desencadenar la violencia y que las mujeres embarazadas son propensas a abusos físicos por parte de sus parejas y también de extraños. Es posible que la gravidez de una mujer constituya una fuente potencial de humillación para el hombre, que puede sentirse marcadamente inferior y excluido aunque sea el responsable del embarazo.

Esta es la "escena primaria" *par excellence*, que deja en una posición de lo más curiosa a individuos vulnerables e inmaduros: incluso los hombres responsables del embarazo pueden estar sujetos a emociones muy poderosas y contrapuestas. En el plano consciente están orgullosos y excitados por su propia potencia al haber impregnado a su pareja, pero las cosas no son tan simples como parecen: algunos hombres retornan a la posición del niño humillado y excluido. Es tradicional percibir la violencia durante la preñez como una respuesta masculina a la sensación de exclusión del cuerpo femenino y de su intimidad, ya que el vientre de la mujer ya está "ocupado" por otro ser y la presencia del hombre resulta por consiguiente superflua.

También hay mujeres vulnerables que no se

sienten merecedoras de quedar embarazadas, o que tienen un profundo temor de gestar bebés enfermizos, debido a sus propias fantasías internas de no ser saludables o "completas".

A lo largo de mi carrera he tomado conciencia de todas las complejidades vinculadas con el cuerpo femenino, sus atributos únicos y los elementos de política psicoemocional que rodean la existencia de las mujeres, la ley patriarcal y la experiencia femenina de falta de poder en un mundo masculino y su acceso único al poder doméstico, con su potencial para el abuso: el hecho de que la vida emocional y el progreso biológico del bebé dependen de la habilidad de su madre para cuidarlo.

Estamos familiarizados con la noción de que el pecho materno está habitualmente asociado con deseo, envidia y la tremenda ira de los celos, especialmente en relación con el acto de amamantar. Este es otro escenario del acto primario, en que una tercera persona asiste a la vinculación más hermosa y singular. Como ya mencionamos, la unidad madre-bebé alcanza su cumbre biológica-psicológica cuando la madre está dispuesta con su pecho lleno de alimento justo cuando su bebé se despierta con hambre. Ambos seres se unen y un mundo de felicidad se abre para ellos.

No es de extrañar que esta experiencia tenga un efecto tan poderoso en la mayoría de los hombres. Los más perspicaces son capaces de hablar abiertamente sobre la compleja sensación que experimentan al contemplar una escena tan íntima, un milagro de la naturaleza, la inigualada vinculación concreta y simbólica de deseo, crianza y logro vital, coronada por una honda satisfacción compartida por madre y bebé.

El hombre y su pareja habían compartido antes las sensaciones eróticas derivadas del acto de tocar, besar y acariciar los senos de la mujer. Ahora, el hombre queda marginado, como testigo de la unión entre las dos personas más cercanas a él, su esposa y su bebé. Pero esta vez ella no es su pareja sino que funciona únicamente como madre. El seno, antes sexual, se ha convertido en una fuente de alimento y vida.

Freud describió la sexualidad femenina como "un continente oscuro", pero durante la preñez no existe esa oscuridad: es bastante claro y transparente que el embarazo de esa mujer es la consecuencia de haber tenido intercambio sexual con un hombre. Y aquí encontramos otro problema, la asociación tácita entre sexualidad y maternidad.

Ahora se advierte que el foco de la envidia es el poder de esa extraordinaria unión sexual, con su vitalidad y empuje, dejando al margen a la tradicional envidia del pene o su contrapartida, la olvidada o poco reconocida envidia del útero.

ATAQUES SIMBÓLICOS CONTRA EL CUERPO DE LA MADRE

Durante mi carrera he escuchado a muchos pacientes hablar sobre los graves traumas y sufrimientos emocionales experimentados durante la infancia, así como los malos tratos infligidos por sus cuidadores, generalmente sus madres. Resulta evidente que su comportamiento en el "acting out" podría asociarse fácilmente con esos traumas originales, con un anhelo enorme, intenso e inconsciente de venganza contra sus madres. Estos pacientes habían estado sujetos, muchas veces desde su nacimiento, al comportamiento impredecible y chocante de sus cuidadores, con todo tipo de abusos, en ocasiones sexuales, que los dejaron indefensos e impotentes.

Ya más crecidos, incluso adultos, estos individuos pueden proyectar una imagen de completa normalidad, pero un componente oculto de sus personalidades conservará su deficiencia.

En mi opinión, ese componente sexual defectuoso crea un enorme temor y hasta terror de depender de cualquier otra persona o de intimar con ella, porque su odio inconsciente hacia su cuidador cuando era niño interfiere con su capacidad de amar.

Estas personas no son capaces de elegir a sus objetos de amor, sino que están compulsivamente sujetas a relaciones de objeto parcial, en las que nadie es visto o experimentado como una persona cabal, o como un ser diferente. "Hacer el amor" es reemplazado por "hacer el odio", dada la ausencia de la intimidad que normalmente se puede encontrar en las denominadas "parejas adultas normales"; en realidad, sólo hay un alivio momentáneo de la ansiedad sexual.

Encontramos aquí una necesidad inconsciente de controlar la situación y de vengarse de la autoridad y sus agentes. Estos agentes o las personas con autoridad son las representaciones mentales de aquellos que estuvieron a cargo de su cuidado durante la niñez, o sea sus padres y, en forma más específica, sus madres. Ahora, como adultos, no experimentan libertad en sus relaciones de objeto; por el contrario, reaccionan en forma compulsiva ante escenarios fijos y, a pesar de ellos mismos, sucumben a comportamientos sexuales anormales, dado que es la única forma de obtener algún alivio y también un signo tranquilizador de que están vivos.

Este "acting out" tiene características concretas, pero en algunas ocasiones se recurre a ecuaciones simbólicas de lo más variadas. Por ejemplo, la viñeta clínica que expondremos a continuación demuestra las complejidades derivadas de ser una víctima de incesto maternal, en que el paciente cree tener el derecho de actuar en forma sexualmente provocativa, con pasajes al acto que ofenden a personas en autoridad, representando en esto a su madre abusadora.

NECESIDAD COMPULSIVA DE AGREDIR SIMBÓLICAMENTE EL CUERPO DE LA MADRE

En la década de los '70 un banco de la City de Londres me derivó a uno de sus empleados, un hombre de 28 años. (Fue una revelación el hecho de que un banco fuera tan perceptivo ante la posibilidad de motivaciones inconscientes.) Era el "correo" del banco, responsable de acarrear dinero entre diferentes puntos, y había sido descubierto robando llaves inglesas de otras motocicletas. La policía constató que había robado miles de esas herramientas ajustables.

En la primera entrevista que tuve con él trató de justificar sus delitos diciendo que también trabajaba haciendo reparaciones generales y que el precio de las herramientas subía mucho debido a la inflación, una explicación de lo más burda que apuntaba a otras motivaciones. Al describir sus actos, me dijo que experimentaba mucha vergüenza mezclada con excitación. "Cuando veo estacionada otra motocicleta no puedo resistir una gran curiosidad de mirar en su caja. No lo puedo remediar. Comienzo a transpirar, mi corazón se desboca y debo tomar las herramientas. Después siento una gran paz, una honda sensación de alivio. Estoy de lo más bien, pero llega un momento en que me siento confundido, avergonzado y culpable."

Su declaración es similar a la de una persona que sufre de alta ansiedad sexual, mostrando la misma pauta de urgencia, en un ciclo que abarca una creciente ansiedad, la pugna por resistir la compulsión y luego su ejecución, que trae alivio sexual seguido por una sensación de vergüenza y culpa.

Se trataba de un hombre joven, de aspecto pulcro, que seguía viviendo con su madre, una mujer narcisista y dominante que nunca le había permitido vivir su propia vida. Cuando la policía llegó a la casa para detenerlo, la primera reacción de la madre fue: "¿Qué voy a hacer si se lo llevan? No puedo estar sola." Él nunca había tenido una relación de ningún tipo salvo con su madre, y vivía en completo aislamiento.

Los delitos perpetrados por este hombre eran la expresión de su tremenda sensación de inadecuación social y sexual, que, a su vez, era el producto de una temprana niñez de privaciones y depravaciones. Su padre había estado ausente en la guerra, y su madre tenía un severo trastorno de personalidad limítrofe narcisista, utilizando a mi paciente como un fetiche para sus intensas necesidades emocionales y obligándolo a comportarse como su confidente.

Nuestra interpretación psicodinámica fue que el paciente se sentía atraído por las motos debido a que representaban la matriz de la madre, mientras que las llaves eran el pene del padre, que él sentía la compulsión de arrebatarle. En este escenario, el paciente sentía que estaba atacando el cuerpo de su madre, en la fantasía de la unión con el pene de su padre, una agresión en la cual experimentaba alivio sexual y hasta una sensación de consuelo al sentirse fortalecido a través del acto de apoderarse del símbolo del pene paterno e interponerse en la unión de madre y padre.

Este particular simbolismo también está presente en episodios de allanamiento de morada. Los responsables suelen ser jóvenes que cometen todo tipo de tropelías en la casa invadida, desde orinar y defecar en sillones hasta romper valiosos muebles, pero sin robar nada. Esto deja humillados a los dueños de la casa y desconcertados a los policías, pero está claro que se trata de un acto de sadismo contra el cuerpo materno, representado simbólicamente por la casa invadida. Conviene señalar que este tipo de actos antisociales suelen ser perpetrados en su mayoría por varones.

Todos los "actos irracionales" violentos, entre ellos el homicidio, pueden tener raíces en experiencias de humillación y vergüenza durante la infancia. Los llamamos "irracionales" porque una pereza intelectual nos impide reparar en la sensación subjetiva de humillación que el individuo sufrió antes del acto violento. Es de crucial importancia señalar que todos los actos de violencia están precedidos por experiencias íntimas de humillación y desamparo.

INCESTO COMO RESULTADO DE LA DINAMICA FAMILIAR

En el siguiente caso de incesto paternal, cuyas raíces sólo emergieron tras varios años de terapia, llegamos a la conclusión de que era el resultado de una dinámica familiar extremadamente complicada.

La esposa de mi paciente tenía una hija, fruto de una relación anterior. Tras la muerte súbita, en la cuna, del niño que la mujer tuvo luego con mi paciente, ella cayó en una depresión psicótica que excluía las manifestaciones de dolor y duelo. Estaba emocional y psíquicamente indisponible para mi paciente y para su propia niña. El incesto que éste cometió posteriormente comenzó como una venganza inconsciente contra su esposa, representada en su abuso sexual de la hija que ella había tenido con otro hombre. En este marco, la venganza también abarcaba su enorme ira y envidia ante la fecundidad femenina, de la que él no había recibido ningún beneficio como padre.

Si nos atenemos a las teorías de Melanie Klein, el bebé experimenta durante la posición esquizoide una profunda escisión respecto de su madre, a quien sólo es capaz de experimentar como "pecho bueno" o "pecho malo", sobre el cual no tiene control. El bebé es agredido constantemente desde el interior por imágenes persecutorias, pero dado que esto es proyectado en su madre, el bebé vive en un universo persecutorio, se torna paranoide y puede sentirse inclinado a tomar represalias con violencia, similar a la forma en que un individuo violento que se siente abandonado tratará a su esposa embarazada/preocupada/indiferente. Esto es luego sustituido por la posición depresiva, cuando el bebé puede integrar consigo mismo los aspectos positivos y negativos del pecho materno. El bebé será capaz entonces de diferenciar entre él mismo y su madre como seres distintos.

Yo creo que las personas afligidas por impulsos chocantes y extremados han sido incapaces de alcanzar la posición depresiva; permanecen en cambio en la etapa esquizo-paranoide, y la escisión se mantiene sin interrupción. (Una vez más vemos aquí el fenómeno de encapsulación.) Esas personas ven a la madre como el objeto atacante, utilizando identificación proyectiva, y por eso están constantemente agrediendo en formas simbólicas el cuerpo de la madre. Esto se convierte en una especie de "botiquín" para la supervivencia psíquica.

Mi sugerencia es que esta gente, tanto hombres como mujeres, todavía están en la etapa de intenso odio hacia el cuerpo de sus madres y el pecho materno al que muchas veces no pueden acceder. Esto produce una sensación permanente de insaciabilidad, frustración y enojo, que a su vez desencadena la sensación de que se les ha negado un derecho, con la consiguiente necesidad de venganza. Mi interpretación es que este desquite no está dirigido únicamente contra el pecho no disponible, que está fuera de su control: la agresión vengativa, sádica, está dirigida en realidad contra el cuerpo preñado que engloba la exitosa unión entre los dos miembros de la pareja y cuyo producto final, en vez de ajustarse a la expectativa de ser amado, querido y valorado, es fácilmente descartado como un bebé fastidioso, incómodo, exigente e indeseado. Este nuevo bebé será en el futuro un individuo seriamente perturbado, teniendo en cuenta la cantidad de revancha y sadismo acumulados, que luego serán "acted out" o actuados cuando adultos.

Nosotros, como terapeutas, podemos observar estos ataques durante el tratamiento analítico, durante el cual experimentamos una profunda sensación de inutilidad e impotencia.

En el caso de las mujeres, el problema consiste

en que no pueden distinguir entre sus propios cuerpos y los de sus madres, y por eso se agreden a ellas mismas o a sus propios bebés, en una cadena repetitiva de hechos que persisten por lo menos durante tres generaciones.

Para los hombres, el cuerpo femenino, y especialmente el cuerpo embarazado, es un recordatorio de la capacidad de la mujer para dejar de ser una pareja sexual y transformarse en madre, y como tal se convierte, en su mente, en inaccesible para sus requerimientos emocionales, físicos y sexuales.

Tanto los hombres como las mujeres no son capaces de controlar este tipo de sentimientos de envidia, y el resultado es una sensación de aniquilación inminente; es en este momento cuando se precipitan episodios extremos de "acting out", por los cuales o a través de los cuales pueden obtener una fuerte sensación de estar aún "vivos". Este "acting out" es experimentado en una forma irresistible y como tal requiere una continua repetición, debido a que la intención simbólica de matar a la madre es raramente alcanzada en la realidad, debido a los enormes temores asociados con matar a la persona que engendra y gesta la vida. Pero esto también está asociado con una intensa envidia cuando la idealización de la matriz se topa con su denigración. Así, el objeto, tan idealizado, es intensamente odiado y sometido a un constante ataque sádico.

Siempre hay excepciones, claro está, y estas pueden alcanzar proporciones gigantescas y drásticas, como ocurre con los asesinos seriales, que pueden haber sido víctimas de incesto materno. Estos individuos suelen mantener un perfil muy bajo, sin crear problemas en la escuela cuando niños, pero de repente reaccionan con extrema violencia en los momentos más inesperados.

TEMORES DE HOMOSEXUALIDAD COMO DEFENSA CONTRA EL MATRICIDIO

En ciertas ocasiones las circunstancias sexuales y la violencia oculta se superponen, como en el siguiente caso clínico.

Un hombre de 23 años acudió por primera vez a tratamiento debido a sus temores de ser homosexual. Tras un año de psicoterapia individual, superó su miedo y dejó el tratamiento.

Algunos años después, sin embargo, retornó al tratamiento porque en forma repentina e inesperada comenzó a experimentar fantasías violentas contra todas las mujeres y de manera particular su madre y, luego, su novia. Cuando estaba solo con su madre le sobrevenía constantemente el deseo de matarla con un cuchillo de cocina; el impulso era tan poderoso que le resultaba muy difícil contenerlo.

Con su novia estaba en una relación íntima, pero ahora sentía el impulso de lastimarla. En un obvio intento de lograrlo, había pasado la noche con otra chica.

Describió un sueño que había tenido recientemente, en el cual tenía su puño en el interior de una vagina y golpeaba con gran fuerza. En el momento en que comenzaba a gozar de este proceso, percibía que se estaba desintegrando: primero se disolvía su mano y posteriormente desaparecía todo su cuerpo.

Este sueño representaba sus temores de ser destruido por una mujer si se aproximaba demasiado a ella. Su recelo de ser homosexual había sido una forma de protección (reemplazada luego por un temor más profundo, expresado a través de fantasías violentas) ante las mujeres, que él sentía que lo habían hecho sufrir, hasta el punto de emascularlo. No fue una sorpresa saber posteriormente que su madre lo había sometido a una serie de reiteradas humillaciones físicas, con acciones muy invasivas y un inmediato rechazo, que lo dejaron en un estado de confusión y persecución.

ENVIDIA DE SÍ MISMA E IRA CONTRA LA MADRE

Anteriormente discutimos el caso de Doris, que en varias ocasiones trató de matar a sus cuatro hijos y suicidarse. Ella era consciente de su intenso odio hacia su madre, y también estaba tratando de matar todo lo que ella experimentaba como bueno en su interior, porque envidiaba su propia capacidad de producir bebés saludables. En muchos casos severos, las madres que sufren un episodio psicótico pueden perpetrar un homicidio.

La mujer embarazada puede dirigir el odio a su propia madre, simbolizado en su propio cuerpo que gesta una criatura, hacia sí misma y su bebé por nacer. Exactamente esto es lo que todas estas manifestaciones sexuales tienen como centro: el ataque, por parte de mujeres y hombres, contra el cuerpo femenino o sus creaciones, los bebés.

Las llamadas "perversiones" son "botiquines" de supervivencia para contener el instinto homicida o suicida, y se presentan como resultado de la envidia y la ira generadas por la percepción de que la unión sexual que los trajo a este mundo cesó de tener un efecto emocionalmente sustentador tras la concepción del nuevo ser.

Al parecer existe una persistente tendencia a ver en la mujer el sexo débil, siempre víctima y nunca perpetradora del asalto sexual. Siempre se ha considerado que las mujeres son incapaces de llevar a cabo sus propios designios sexuales perversos, así como se identificaba a varones adolescentes como los únicos capaces de llevar a la práctica sus fantasías sexuales. Creo firmemente que muchas teorías del desarrollo sexual femenino tienen fundamentos débiles, debido en parte a que están basadas en la necesidad de la sempiterna "madre-tierra", una mujer que ha sido tan idealizada, o tal vez hasta idolatrada, que sus defectos pasan inadvertidos. Esa mujer es representada como impotente ante el dilema de la envidia del pene o, si escuchamos a las nuevas feministas, víctima de actitudes sociales y hasta despreciable porque aparenta ser menos importante que el varón. En este cuadro aparecemos todos como conspiradores silenciosos en un sistema en el cual, desde cualquier ángulo que observemos, las mujeres están despojadas de todo poder o son invariablemente objetos sexuales y víctimas de los varones. No les acordamos ningún sentido de responsabilidad por sus propias funciones distintivas, hondamente ligadas a la fecundidad y la maternidad, capaces en ocasiones de manifestarse en forma perversa.

A pesar de los avances en el feminismo, la "ley del padre" sigue siendo el modelo dominante del análisis cultural y psicológico de Occidente, mientras que la ley de la madre continúa existiendo como un concepto subdesarrollado y marginal.

SEIS

Una Cuestión De
Pornografía

La pornografía, como concepto, es muy difícil de explorar, debido posiblemente a los numerosos factores subjetivos y objetivos que confluyen en forma simultánea, en un amplio marco de tipos diferentes de pornografía. Esta complejidad ha aumentado considerablemente con el advenimiento de Internet.

La ambigüedad del concepto también determina en parte esa dificultad. Si buscamos la palabra "pornografía" en el diccionario de la Real Academia Española, por ejemplo, vemos que es la "presentación abierta y cruda del sexo que busca producir excitación", algo que se podría aplicar a muchísimas películas a las que muy pocos consideran pornográficas. Para una mayor comprensión se debe agregar la noción de obsceno, que el diccionario no incluye taxativamente pero está implícito en la definición: "impúdico, que ofende al pudor". (A esto se podría inquirir: ¿el pudor de quién?) En realidad los diccionarios no son en esto de mucha utilidad, especialmente si consideramos la temporalidad del término. Algo que en el cine de hace cincuenta años era considerado pornográfico, ahora no es más que una "escena audaz" autorizada para menores de 14 años, cuando no de 12. El libro "Los 120 días de Sodoma", del Marqués de Sade, prohibido en Gran Bretaña y muchos otros países hace algunas décadas, ha sido publicado recientemente como uno de los Clásicos de Penguin.

Al igual que todos los otros temas sexuales explorados hasta ahora en este libro, la pornografía escapa fácilmente a las terribles complejidades de las relaciones humanas.

Recuerdo que hace algunas décadas, cuando todavía era bastante ingenua (aunque no en forma consciente) y no tenía mucha experiencia clínica, concurrí a una conferencia internacional en Wiesbaden, Alemania, titulada "Qué es la Psicoterapia". Al mismo tiempo, en Londres, se estaba desarrollando un célebre caso judicial por obscenidad, en el marco de la censura oficial, que por entonces era bastante severa en Inglaterra. El caso estaba centrado en un libro muy difundido entonces, *Last Exit to Brooklyn*, del escritor estadounidense Hubert Selby, una novela con un lenguaje áspero y directo, sobre tópicos de lo más audaces y los tabúes de la época: droga, crimen, violación, homosexualidad, así como violencia no sólo en las calles sino en las casas.

El libro, que ya había sido prohibido en Italia, fue descrito como "un viaje al fin de la noche americana y "el retrato de una sociedad sin amor". El jurado británico debía decidir si la novela era pornográfica o no; de encontrarla pornográfica, los editores serían culpables de un delito.

Los organizadores de la conferencia nos invitaron a una cena en un barco que navegaba por el Rin y yo tuve la suerte de sentarme a una mesa con tres importantes personajes de la psiquiatría internacional, todos ellos liberales y llenos de comprensión ante todo tipo de problemas "antisociales".

Mis compañeros de mesa eran el profesor Morris Carstairs, de la Universidad de Edimburgo, el doctor Maxwell Jones, creador y director de la comunidad terapéutica del Hospital Henderson, en Sutton, y el profesor Jurgen Ruesch, un famoso psiquiatra californiano, autoridad reconocida en temas de comunicación. Fue uno de los originadores de la noción del "double bind", o doble vínculo, una situación en la cual una persona se enfrenta a dos exigencias irreconciliables, o una elección entre dos cursos de acción indeseables.

Estas tres eminencias participaron en una conversación de lo más interesante y hasta apasionada sobre la noción de pornografía y su aplicación al caso de *Last Exit*.

Yo seguí la discusión muy atentamente pero en silencio, escuchando las diversas versiones de pornografía y sus explicaciones teóricas, aunque ninguna que pareciera aplicable al caso de la novela en cuestión. En cierto momento la conversación tomó un tinte superficial, casi infantil, cuando Jurgen sugirió que el factor decisivo para juzgar el libro podría ser el número de palabras ofensivas que aparecieran en el texto, como si todo pudiera decidirse con un enfoque matemático, a través de porcentajes. Recuerdo que cuando nos despedimos esa noche me sentí bastante frustrada.

Ya de regreso en mi departamento de Londres, estaba charlando con el operario que pintaba nuestro edificio y en cierto momento me preguntó sobre la conferencia.

Aproveché la oportunidad para interrogar al hombre común de la calle: "¿Qué es un libro pornográfico para usted?" Sin un momento de hesitación, me contestó: "Ah, no hay ninguna duda: un libro pornográfico es aquel que puedo leer sosteniéndolo con una sola mano".

Esta respuesta no se caracteriza por su tacto y sutileza, pero es de lo más penetrante y perceptiva. Esto se debe a que la pornografía está hecha de la interacción entre la imagen y la reacción corporal. Para tener éxito en sus propósitos, los pornógrafos deben conocer e interpretar correctamente las imágenes y el lenguaje (o cualquier otro instrumento utilizado) que estimulará y provocará una excitación sexual irrefrenable.

PORNOGRAFIA Y ARTE

El Museo Británico presentó en 2013 una exposición extraordinaria sobre Pompeya y Herculano, con una extensa sección dedicada al sexo como tema específico, dejando en claro que el falo era uno de los objetos más representados en la vida cotidiana de los antiguos romanos. Puesto que en aquellos tiempos se suponía que los falos eran los "mensajeros" de la buena suerte, las casas contenían utensilios de cocina y adornos en forma de falos. Las calles de Pompeya estaban adornadas con falos de piedra para que la gente los tocara y, en consecuencia, les trajeran buena suerte.

No obstante el carácter explícito de la exposición, el efecto en sus visitantes no fue de excitación sexual, debido probablemente a la calidad y la belleza de todos los objetos. Se trataba de figuras eróticas vinculadas al arte y, como tales, incapaces de provocar excitación sexual.

La relación entre el arte y la pornografía fue claramente enunciada hace unos años en una discusión profesional sobre la pornografía en el

Centro Tavistock de Relaciones de Pareja y Maritales, cuando Howard Jacobson, un renombrado novelista británico, afirmó: "Ningún hombre se masturba mirando la Capilla Sixtina".

Esto puede llevarnos a otra faceta de la crucial diferencia en la reacción ante una hermosa creación artística con escenas sexuales explícitas. Estas producen en los espectadores una admiración interior y reconocimiento que conduce a una "iluminación" en el plano espiritual. Esto no es realmente pornografía: se podría llamar erotismo, que es la exaltación del amor físico en el arte, pero no es pornografía.

Lo pornográfico es feo, grosero, obsceno, algo que actúa simultáneamente como una agresión y un estimulante sexual para aquellos que son mentalmente vulnerables, envueltos como están en una depresión severa de la que son totalmente inconscientes. En cierto modo, el espectador reconoce y se identifica con la naturaleza sádica del creador de la imagen pornográfica, un sadismo usualmente dirigido a una mujer.

En la época romana no había inhibiciones ante el arte con escenas sexuales, ni ningún tipo de censura o represión de los temas sexuales. El contraste entre la falta de inhibiciones de ese período y la pacatería de la sociedad cristiana del siglo XIX se hizo evidente cuando las excavaciones descubrieron el arte erótico de Pompeya: la fuerte presión represiva de lo que se entendía como moralidad pública llevó a que estos descubrimientos quedaran encerrados, inaccesibles para el público, en el llamado Gabinete Secreto del Museo Arqueológico de Nápoles. Fue hace muy poco, en el 2000, que estas maravillas históricas y artísticas fueron presentadas al público.

Es importante mencionar aquí dos de los libros de Freud, *El futuro de una ilusión* y *La civilización y sus descontentos*, ya que ambos tienen como foco central la influencia de la tradición religiosa judeo-cristiana en los orígenes de la sexualidad.

Mientras que el falo o pene suele ser expuesto abiertamente en las escenas pornográficas, en realidad la mayor parte de los temas pornográficos se originan y se centran en el cuerpo femenino. Curiosamente, o no tanto, el cuerpo usado es generalmente hermoso y joven; un cuerpo para el que no parece existir la vejez, ni el más mínimo indicio del proceso de envejecimiento. Y no sólo es atractivo siempre, sino también fértil, capaz de reproducción.

EL ACTO SEXUAL

En las ilustraciones de Ricardo Cinalli a lo largo de este libro, el *voyeur*, hombre o mujer, se convierte en el personaje central: lo vemos incorporado en la intimidad del acto sexual y a veces como participante activo en la que llamamos "escena primaria".

Es relevante aquí señalar que mientras trabajaba en estos dibujos, Cinalli estaba recibiendo un tratamiento de quimioterapia: fue un periodo durante el cual estuvo luchando por su vida.

"Mis dibujos reemplazan el deseo, y de esta manera puedo decir que el deseo se trasladó del cuerpo a mi arte; en el proceso de dibujar olvidas tu cuerpo. Son personales e íntimos; reflejos de mi Eros y Tánatos".

Sus ilustraciones enfatizan el hecho de que el acto sexual no sólo tiene que ver con el placer, sino también con el dolor y, en última instancia, con la muerte.

La Prostitución Femenina En Las Películas De Hollywood

Me gustaría centrarme aquí en algunas de mis propias observaciones sobre películas típicas de Hollywood que presentan escenas públicas y privadas de prostitución femenina.

Mi interés por las películas que abordan algunos de los problemas sexuales que vemos en el consultorio se ha centrado durante mucho tiempo en una de las características más importantes de la sexualidad femenina, vale decir la escisión o clivaje virgen-madre-puta, y su relevancia para Hollywood, en relación con el sexo, la moral y el papel de la mujer en el cine. Esto me llevó inevitablemente a un factor concomitante del síndrome virgen-puta, es decir, el dilema privado-público que es característico de la prostitución y el cine. En el primer caso, es frecuente encontrar en tribunales el procesamiento de una mujer que trabaja como prostituta y es acusada de algún delito vinculado con su oficio. Comparemos esto con el segundo caso, en el que una estrella de cine es adorada y admirada por la audiencia en un cine. Ambos escenarios implican "asumir un papel". La personalidad mimética ("asif") que se encuentra por lo general en la adolescencia está presente tanto en la prostituta como en la estrella de cine, pero mientras que la primera sufre ostracismo y oprobio si su comercio se hace público, la segunda se beneficia y recibe reconocimiento público. Está en la naturaleza de la prostitución que todo lo que se considera privado durante su gestación en la intimidad se vuelve luego rentable y público. Este rasgo particular también está en la naturaleza del cine, cuando el espectador se encuentra a veces como un *voyeur*, presenciando escenas íntimas en la arena pública de la sala de cine.

Los estereotipos de Eva y de la mujer en general en sus diversos papeles como virgen, madre o puta, han tenido una inmensa influencia en la vida cotidiana de casi todas las sociedades expuestas a ellos. Las representaciones hollywoodenses del arte y del mito reflejan las actitudes de la sociedad con todos sus prejuicios y estereotipos. Además de reflejarlos, Hollywood también ha ayudado a crearlos.

Los escritores de guiones cinematográficos, como personas talentosas con buen ojo para el comportamiento humano, han observado las manifestaciones de todo tipo de sexualidad y han querido incorporarlas como verdaderas, pero esta visión ha estado en pugna con la escisión ya comentada de las imágenes de la sexualidad femenina, latente en la sociedad y muchas veces en los propios guionistas.

En los años 20 y 30 del siglo XX, Hollywood trató de resolver el dilema sexual con dos enfoques paralelos: el primero, a través de un código que virtualmente suprimía la sexualidad; el segundo, estimulando y provocando al público con fantasías sexuales de tipo pornográfico. La mujer era vista cada vez más como una mercancía que se vendía con fines de lujuria, erotismo y pornografía. Este era el enfoque "público-privado". Por otro lado, en el punto de vista "privado-público", la mujer era la estrella que nunca se veía embarazada o teniendo hijos. Era como si la fecundidad y la crianza de los hijos, aunque pruebas incontrovertibles de la sexualidad consumada, pudieran, paradójicamente, inhibir las fantasías sexuales de los espectadores. El sexo raramente estaba relacionado con el embarazo y los niños. A las estrellas femeninas no se les permitía tener hijos en su vida privada, y a veces ni siquiera maridos.

Hollywood reforzó la conexión tradicional entre el dinero, el intelecto y el sexo. En general, se suponía y muchos siguen creyendo que el dinero y el intelecto pertenecen al macho y el sexo a la hembra, y cada uno merece y usualmente obtiene el otro.

El Código Hays, o Código de Producción que censuró las películas a través de una serie de reglas que el productor debía cumplir, fue escrito en 1930, tras numerosos intentos de la Asociación de Productores y Distribuidores de Películas para desarrollar un sistema de autocensura. La decisión de aplicar el código a rajatabla, desde 1934, surgió por varias razones: la Legión Católica de Decencia organizó con eficacia una oposición interreligiosa a Hollywood; las películas de gángsters de los años treinta, como *El Enemigo Público*, fueron criticadas por presentar a los pistoleros como personajes "simpáticos" o al menos atractivos y por sugerir que las actividades ilegales podrían traer el bienestar económico; y el ciclo de "la mujer mantenida", de comienzos de esa década, suscitó preocupaciones acerca de las mujeres que vivían vidas confortables intercambiando sus favores sexuales por la seguridad económica.

El Código contenía muchas contradicciones. La interpretación de películas incluyó la atención a "apropiados valores morales compensatorios". Los personajes buenos (morales) serían recompensados con felicidad (amor verdadero, éxito), mientras que los personajes malos (inmorales) serían castigados (muerte, deshonra, infelicidad). Por lo tanto, el final de una película era de crucial importancia: las películas podían representar actividades inmorales o ilegales en un grado limitado, siempre que la narración estuviera concebida de tal manera que el final compensara adecuadamente a los personajes en términos de los valores morales del Código. El "final feliz" de Hollywood está inextricablemente ligado a valores morales y sociales "apropiados".

El sexo estaba conectado con las tetas, no con los cerebros. De este modo, el sexo se asociaba con asuntos inmorales y sórdidos, y sólo era aceptable si estaba ligado indivisiblemente con el matrimonio. Las mujeres salían del dormitorio para ir a trabajar en una oficina, y para aquellas que se comportaran "adecuadamente" los finales felices eran obligatorios. Es decir, las muchachas que sabían reprimir sus deseos sexuales "impuros", debían ser recompensadas con un matrimonio feliz. Aquellas que se atrevieran a violar esa "ley" y participaran en actos sexuales antes del matrimonio o fuera de él, recibían castigos severos en la forma de finales dramáticos y tristes que acarreaban infelicidad o deshonra. Sin embargo, el hecho de que las mujeres tuvieran capacidades fuera del dormitorio fue un efecto secundario deseable del Código Hays.

El código tenía el efecto de rescatar a mujeres "perdidas", y al "reformarlas" afectó su sentido del humor, ya que negaba la posibilidad de que las mujeres, como los hombres, pudieran disfrutar de una broma sexy. El humor se convirtió en un monopolio masculino, aunque la broma sexy fue utilizada con éxito por mujeres como Mae West. Su famoso comentario: "¿Llevas un arma o estás contento de verme?" fue un *succès de scandale* pero no denotó la "envidia del pene" socialmente aceptable de las mujeres, sino más bien la aguda comprensión de Mae West de que la distinción entre los sexos debía considerarse en forma complementaria, en vez de excluyente.

En la década de los 50 surge la virgen profesional, una encarnación de toda la desconfianza y la hipocresía reglamentadas en el Código de Producción, cuyas tretas y estratagemas románticas se dirigen siempre hacia el matrimonio y la seguridad. Aparte de la represión sexual dirigida a la mujer de los años cincuenta, otro fenómeno estaba presente, aunque oculto: el de la homosexualidad masculina, que además de no estar permitida era duramente castigada. Esto produjo otros efectos secundarios en las películas de ese período. En la obra de ciertos directores, como Joseph Mankiewicz y Billy Wilder, la actriz se convirtió no sólo en el símbolo de lo femenino, sino en la depositaria de cualidades desagradables que algunos escritores homosexuales, como Tennessee Williams y Edward Albee, quisieran negar como propias. Hay una proyección masiva sobre las protagonistas femeninas del narcisismo, la vanidad y el miedo a envejecer que les horroriza encontrar en sí mismos.

La progresiva liberación sexual de las mujeres y el reconocimiento de la sexualidad femenina pagaron en los años 60 y 70 un precio excesivo. Las mujeres volvieron a protagonizar papeles "sexy" pero sin el estrellato. Les dieron papeles degradados, ya que no tenían más cualidades que las relacionadas con la sexualidad. "Si las mujeres son tan conscientes de su sexualidad y se atreven a expresar abiertamente lo que quieren", parecieran decir los hombres que controlaban los estudios, "vamos a darles esos papeles o mejor aún vamos a forzarlas a aceptarlos". Como consecuencia, la violación y la violencia sexual se convirtieron en la regla.

Es en este contexto que me gustaría contrastar y utilizar como viñetas clínicas dos películas. La primera, *Camille*, fue rodada en 1936 por un "director de mujeres", George Cukor, con dos de las estrellas más famosas de la época, Greta Garbo y Robert Taylor. La película, basada en *La dama de las camelias* de Alejandro Dumas (h), tiene todos los matices dramáticos del amor romántico, pero añade un giro inesperado que hace posible el cambio de un final feliz convencional a uno bellamente digno. El precio es la muerte de la heroína, Margarita Gautier, en los brazos de su amante, Armando Duval, profundamente arrepentido éste del repudio expresado antes. Vaya por la capacidad del hombre para percibir el amor verdadero sólo cuando se enfrenta con la muerte de la mujer amada. Esto es acompañado con un repentino cambio, pasando de una visión degradada y denigrante de la mujer a otro de idealización y perdón ante su muerte inevitable.

La segunda película, *Klute*, fue rodada en 1971 por Alan Pakula, un director inteligente y sensible, con Jane Fonda como "Bree" y Donald Sutherland como "Klute", un detective. Ambas películas muestran no sólo las actitudes sociales estereotipadas ante las prostitutas, sino también algunas características de los hombres que las desean. En el caso de Klute, a tono con una época "revolucionaria", más "subversiva", un empresario acaudalado resulta ser el inesperado secuestrador y asesino sádico. Sin embargo, a pesar de las diferencias entre las costumbres culturales y sociales de las dos décadas, la relación entre los principales protagonistas de ambas películas es muy similar: una relación amorosa única, que se descubre o revela por primera vez a ambos personajes femeninos, Camille y Bree. Vaya por el romanticismo asociado al toque de Hollywood, en el que sólo cuando las mujeres son más vulnerables o están muy enfermas son capaces de despertar lo mejor en los hombres. Por cierto, el dinero a cambio de sexo está ausente de ambas relaciones.

En estas dos películas, los directores muestran comprensión y sagacidad. Tanto Margarita como Bree pasan por graves crisis de mala salud en las que sus amantes, Armando Duval y Klute, se ocupan de ellas. Es particularmente conmovedor que esas escenas estén teñidas de una ternura recién descubierta y un nuevo amor, evocador en su uso de la mirada y el tacto, del primer amor entre la madre y su bebé. En otras palabras, hay una situación pre-edípica en desarrollo, que requiere la presencia activa del Padre, la Ley, ya que está violando la relación "natural" entre el hombre y la mujer con su amenaza implícita a la unión de padre y madre. Volveré más tarde a este punto.

En *Camille*, la hermana de Armando, el amante de Margarita, proporciona la excusa para la intervención de su padre y también la imagen de la virgen virtuosa en contraste con la prostituta, representada por Margarita. Esta antítesis es aún más evidente en otras escenas: el Duque, "protector" de Margarita, con quien tiene una relación "platónica", ve en ella la imagen viva de su hija virginal y muerta. Cuando el padre de Armando obliga a Margarita a renunciar a su hijo para no poner en peligro el matrimonio "apropiado" de su hija, le dice: "Ella es joven, bella y pura como un ángel; está enamorada y también ha hecho del amor el sueño de su vida". Así que, como es obvio, ella es la que merece ser amada. Margarita entonces le ruega: "Besadme como besaríais a vuestra hija". Esta escena muestra la internalización por parte de

Margarita de las normas patriarcales, a pesar de su posición marginal. Esta es la clave, ya que nos conducirá al mundo definido por el Padre, la Ley, la ley patriarcal, que se considera superior a cualquier asociación con la Madre, la mujer.

La relación de Margarita y Armando no es una transacción entre prostituta y cliente, sino un verdadero romance. Él se enamora tras enterarse de que ella está muy enferma. En realidad, este hecho hace posible la historia de amor, ya que proporcionará el final perfecto. Margarita desafía la mayoría de las convenciones vinculadas a la prostitución, pero el precio que paga por este desafío romántico es caer enferma de tuberculosis y morir joven. Armando está lleno de devoción y celos, y es muy posesivo; no paga por "sus favores": por el contrario, "sin saberlo", él se beneficia del comercio carnal de su amante. Ella lo ama y comparte todas sus ansiedades con él, incluyendo las de su profesión, como no poder expresar sus sentimientos y ser "una cosa" para sus clientes. Ella le dice: "Tú eres la única persona con la que sentí desde el principio que podía hablar libremente. Nosotras [las cortesanas] no tenemos amigos. Tenemos amantes egoístas que no gastan su fortuna en nosotras, como ellos dicen, sino en su vanidad... Para estos hombres tenemos que ser alegres cuando ellos son felices, rebosar de energía y apetito cuando deciden que quieren cenar, y ser tan cínicas como ellos. No se nos permite tener sentimientos, por temor a que se burlen de nosotras y perdamos credibilidad. Nuestras vidas ya no son nuestras. No somos seres humanos, sino cosas." Esta descripción que Dumas pone en boca de Margarita capta con precisión y elocuencia la situación de la prostituta. (Incidentalmente, también nos proporciona, sin proponérselo y sin dolor, el significado de la expresión kleiniana de "objeto parcial".) La misma sensación se percibe en *Klute* cuando la protagonista le dice a su terapeuta: "Me gustaría carecer de rostro y de cuerpo y que me dejasen sola."

Dos temas centrales en *Klute* dan a entender desde el principio que la relación de Bree y Klute no seguirá el patrón típico de prostituta-cliente. En primer lugar, Klute parece ser un tipo "directo", que puede resistir los intentos de seducción de Bree, quien le ofrece "uno gratis"; sin embargo, la verdadera clave es cuando ella comienza a hablar de sí misma como una "neurótica", que sufre de nervios, fobias y miedo a la oscuridad, revelando de este modo sus áreas de vulnerabilidad a Klute.

La prostitución femenina involucra a ambos sexos, y los hombres, lo mismo que las mujeres, tienen problemas que no siempre son obvios. En diversas formas, es posible apreciar en estas situaciones que las reglas morales no se aplican por igual a todos sus actores. Esto no es sorprendente, ya que en la práctica se trata de un contrato por dinero y ambas partes son de alguna manera cómplices pero en otras adversarios.

En *Camille*, Prudencia (una amiga íntima de Margarita, mayor que ella) dice con gran sensatez a Armando que "las mujeres mantenidas siempre creen que habrá hombres que las amen, pero nunca imaginan que ellas mismas se enamorarán. De otra forma ahorrarían algo para darse el lujo, cuando lleguen a los 30 años, de tener un amante que no pague nada". Prudencia (su nombre no es casual) ofrece aquí una interpretación de la dinámica que implica que la mujer está tan fuertemente convencida de que siempre controlará la situación que no puede imaginar ningún cambio en ella.

Desde el principio de *Klute*, incluso antes de que comiencen los créditos, se muestra la dicotomía entre la buena mujer-esposa, que no sabe nada acerca de posibles actividades sexuales excéntricas o "retorcidas" de su marido, y la prostituta (Bree) quien ha recibido cartas obscenas de este hombre "respetable". En momentos de suspenso se escucha la voz de Bree diciendo a sus clientes, una y otra vez: "No hay nada malo; haz lo que quieras, tu única responsabilidad conmigo es disfrutar. "

Esta es una voz muy diferente a la del superego, que puede llegar a ser tiránica, inconsistente y sádica. Para el cliente es una gran sensación de alivio escuchar este "mandamiento" una y otra vez, otorgándole permiso para cualquier actividad retorcida o "perversa" que le proporcione satisfacción sexual. ¡Y además de esto, le dicen que su gozo es todo lo que se requiere de él en esta transacción!

En una sesión con su terapeuta, Bree nos ofrece una revelación luminosa. Al describir su oficio, ella dice sobre sus clientes: "Normalmente están nerviosos; eso está bien porque yo no lo estoy, sé lo que estoy haciendo". Luego se refiere a sus propias sensaciones durante el acto: "No tienes que sentir nada, no tienes que preocuparte, no hace falta que te guste nadie". "Simplemente los llevas por un anillo en la nariz en la dirección que ellos creen que quieren ir". "Tú controlas la situación". "Me siento muy bien después". En este momento, el terapeuta le pregunta: "¿Disfrutas?" "No, pero esto no tiene nada que ver con la moralidad; lo que me gusta es saber que me siento bien porque tengo algún control sobre mi vida". En esto podemos ver claramente que la mujer, en su trabajo como prostituta, se desembaraza de su temor de perder el control y de sus propias ansiedades al observarlas en cambio en sus clientes.

Sin embargo, la situación más reveladora se produce en una tercera sesión con el terapeuta cuando Bree, al hablar de su asombroso descubrimiento de la felicidad sexual, dice con franqueza: "Lo encuentro desconcertante: me gusta hacer el amor con él, pero me dan ganas de poner fin a esto, a veces quiero que termine. Al menos antes yo controlaba la situación. Ahora ya no dispongo las cosas, me parece que la sensación fluye de mí naturalmente a otra persona, sin tenderle ninguna trampa". Esto deja en claro que una relación de objeto está reemplazando a otra de objeto parcial descrita anteriormente.

Al hablar de Klute y de su cuidado cuando ella estuvo bajo los efectos de una sobredosis, Bree dice: "Me ha visto horrible, me ha visto mal, me ha visto fea, me ha visto como una vulgar puta y no parece importarle, parece aceptarlo. Tener sexo con todos esos sentimientos es nuevo para mí y sólo desearía dejar de querer destruirlo". Una vez más, aquí podemos observar la profunda escisión y ambivalencia acerca de esta nueva sensación de confianza en la otra persona. Es tan espantoso confiar, porque esto realmente significa, para aquellos que se sienten tan vulnerables y débiles, traicionar una vez más a la nueva relación, que incluirá humillación, engaño y un total y absoluto rechazo, o sea las emociones que han vivido todas sus vidas. Aquí también se puede ver la escisión o clivaje entre la sexualidad genital como una fuerza viva -o, digámoslo, amante- y lo que parece ser sexual, pero en realidad corresponde a etapas mucho más primitivas de desarrollo, donde la pregenitalidad domina el cuadro. El logro de la intimidad con una pareja a través de las relaciones sexuales -la norma- es reemplazado aquí por un alivio de la creciente ansiedad sexual mediante una acción o situación extravagante, inexplicable no sólo para los demás, sino también para la persona misma.

En la prostitución existe la falsa percepción de que el encuentro es única o principalmente un acto sexual-genital. Una vez más opera la dinámica de "sexo ahora, hablemos después". En realidad, ambas partes han pactado un compromiso según el cual la madre sexual es reemplazada por la madre estricta, proveedora de servicios corporales. Es por eso que muchas "situaciones contractuales" cliente-prostituta son completadas sin interacciones físicas, y mucho menos sexuales de tipo genital.

Un proceso de identificación proyectiva tiene lugar en las mentes de ambas partes, en un intento de resolver esta escisión primitiva. La prostituta se convierte ahora, en el marco de la fantasía, en una madre con un hijo pequeño -el cliente- bajo su control; al mismo tiempo, ella es una puta que debe proporcionar gratificación sexual a ese "jovencito". Esto se hace posible por un proceso mutuo y recíproco de despersonalización y división y también por la negación de las emociones que se generan por ese proceso. En la prostitución, a veces el cliente se convierte en la madre y la prostituta en el niño. O el cliente puede ser un "viejo sucio", o "viejo verde" con sus connotaciones de suciedad vinculadas con dinero o heces correspondientes a una etapa preedípica. También puede convertirse en el *sugar daddy* o "papito", fácilmente asociado con la oralidad, el azúcar y la leche; en otras palabras, el cliente se convierte, en términos simbólicos, en una madre capaz de alimentar a la mujer-bebé-prostituta y satisfacer cualquier necesidad caprichosa que pueda tener.

Se requiere aquí un proceso de triangulación, ofrecido por un superego estricto y punitivo, la Ley, un padre simbólico que es llamado a cumplir con su deber. De él se espera que rescate a ambas partes de una asociación insalubre e imponga un sentido del orden. Éste es el papel que desempeña el padre de Armando y que más tarde será retomado simbólicamente por el Duque, a través de su duelo, cuando coloca a Margarita en el papel de su hija virginal y muerta.

La prostituta y el cliente están reviviendo una situación "ideal", ilusoria y de connivencia en que la unidad simbólica madre-bebé pugna por alejarse de la del marido-padre, mientras que ambas desafían (e invitan) conscientemente la intervención de la ley-marido-padre. Pero en la aplicación de la ley el padre colude con su propio género: la mujer es procesada, mientras que el hombre y sus devaneos emocionales son declarados libres de culpa y cargo.

El "hombre extraño" que paga los favores de la prostituta es la imagen deteriorada e idealizada del padre de ella. El hombre que frecuenta a las prostitutas está buscando a la madre que deseaba como un objeto sexual prohibido; incapaz de obtener esta gratificación sexual, debe contentarse con una figura maternal sustituta denigrada, que mantiene viva la escisión virgen-madre-puta.

Existen tipos diferentes de prostitución femenina. Aquí me refiero a mujeres con una autoestima muy baja. Para emerger de este "pozo", comienzan a solicitar. Cuando los hombres aparecen y están dispuestos a pagar por sus servicios, se sienten excitadas y gratificadas. Solicitar, entonces, funciona como un "regulador" de su autoestima.

Hay circunstancias en que las mujeres que aparentemente quieren dinero en una relación cliente-prostituta, están realmente buscando castigo en un nivel más profundo. Es el caso de las mujeres que se dedican a la prostitución con tanta imprudencia que son fácilmente capturadas. Cuando estas mujeres comparecen ante un tribunal, sienten que la mera acusación, por sí misma, predispondrá a todos en su contra y que nadie se molestará en conocerlas, ni querrá saber de su crianza, sus necesidades emocionales y sus circunstancias personales. Tal es su desaliento que, al descartar una verdadera comprensión, por lo general hacen que los representantes de la ley compartan sus necesidades internas de persecución, lo que lleva a sentencias excesivamente severas. Y, en efecto, la sociedad se siente tan hostil, no sólo ante las acciones de las prostitutas, sino también su incapacidad de defenderse, que no puede separar sus acciones de sus personalidades. Así, la sentencia a veces lleva consigo un reconocimiento inconsciente de sus acciones y de su necesidad de castigo.

Este punto queda claramente demostrado en *Camille* cuando Margarita le cuenta a Armando su encuentro con Duval padre en estas palabras: "Tu padre cree implícitamente en las certidumbres convencionales, según las cuales cada cortesana es una criatura sin corazón, algo tonta, una especie de máquina acaparadora de oro, siempre lista, como cualquier otra máquina, para destrozar la mano que la alimenta y aplastar, sin piedad, ciegamente, a la misma persona que le da vida y movimiento." No obstante esto, Margarita ha aceptado la demanda de Duval y renunciado a su amante.

Algunas prostitutas experimentan una caricatura de relaciones íntimas que implica venganza. Esta venganza, que en la superficie parece estar dirigida contra la sumisión socioeconómica y el mundo de los hombres, es en realidad contra la madre. En estos casos, el deseo de venganza implica el deseo de estar en control de la situación y de satisfacción mientras está con su cliente. Este control consciente refleja una denigración inconsciente de sí misma y de su género, porque después ella se siente degradada. En este estado está demasiado deprimida para albergar fantasías de venganza contra los hombres, como se suele afirmar. En realidad, se identifica con su cliente masculino en el desprecio por ella y su género.

La mayoría de las profesiones, independientemente de lo exigentes que sean en lo que respecta a tiempo, compromiso emocional y energía física de nuestra parte, todavía nos permite llevar por separado una vida pública y otra privada. En la intimidad de esta última, reponemos nuestros recursos mentales y físicos. Esto no es posible para las mujeres que practican la prostitución; de hecho, ocurre lo contrario. Este aspecto de su situación se hace evidente cuando aparecen en los tribunales, donde sus vidas privadas están expuestas al público. Puesto que su profesión requiere que ofrezcan y proporcionen a sus clientes gratificaciones de una naturaleza muy íntima, sus propias necesidades privadas deben ser ignoradas. Todo lo privado se hace público, siendo esta la naturaleza del conflicto. Algunas mujeres esperan inconscientemente que cuando sus problemas sean reconocidos, recibirán la ayuda que necesitan, pero, lamentablemente, esto solo ocurre de vez en cuando.

A finales de los 80 y principios de los 90, el estrellato perteneció a la versión glorificada o sublimada de la homosexualidad masculina en grupos. Los hombres eran presentados comunicándose mutuamente una amplia gama de sentimientos, apoyándose unos a otros sin un matiz de rivalidad y hasta generando un maravilloso clima de bonhomía. Estos hombres eran capaces de realizar todas las tareas, mientras que las mujeres, cuando se les permitía aparecer, eran criaturas fastidiosas, frustradas y codiciosas, es decir virtualmente insignificantes y fácilmente descartables. Películas como *Bringing Up Baby* (*La adorable revoltosa* o *La fiera de mi niña* en español) fueron seguidas con más audacia por *City Slickers* (*Cowboys de ciudad*) y *The Fisher King* (*El rey pescador*), en las que los hombres se apoyaban y ayudaban mutuamente en procesos dolorosos asociados con la separación, la pérdida y el duelo, mientras que las mujeres eran representaciones simbólicas de la insuficiencia femenina, caracterizada por una torpeza extrema o con connotaciones "sexuales".

Como podemos ver, es bastante difícil concebir un feliz final de Hollywood para este tema en particular, ya que un "final feliz" estaría en rotunda contradicción con la situación dramática. Pero en el mundo de las películas, los beneficios que cuentan son los financieros, no los psicológicos. Curiosamente, en 1990 vimos el éxito de taquilla de *Pretty Woman* (*Mujer bonita*), en el que una prostituta de corazón de oro encuentra "la felicidad" con un hombre de negocios muy exitoso. Él está solo y emocionalmente vacío, y la pareja inicia un proceso de mutua comprensión y cariño. El "final feliz" consiste esta vez en el matrimonio. Por supuesto que este no es un resultado probable de la situación real, aunque después de todo también es posible que el matrimonio ya no se vea como un auténtico "final feliz".

A mediados de los años 90, un desenlace más realista y trágico para una relación similar es el de *Leaving Las Vegas* (*Adiós a Las Vegas*). Ya no es *Pretty Woman,* en la que el cliente es un joven exitoso y rico que puede disfrutar de cualquier fantasía exceptuando el logro de una verdadera relación. Aquí nos encontramos con personajes desesperados y empeñados en sus propias búsquedas autodestructivas: Ben ha decidido suicidarse bebiendo y Sera exponiéndose diariamente a la brutalidad de su proxeneta. Ambos son capaces de apoyarse mutuamente en su resolución de suicidio, con una intensa consistencia. Ambos se hacen promesas recíprocas: Sera nunca le pedirá a Ben que renuncie al alcohol, y Ben nunca le pedirá a Sera que abandone la prostitución. Ella hasta se ofrece como facilitadora de la adicción de Ben. Cuando Sera renuncia a su proxeneta, que la ha abusado en todo tipo de formas diferentes y crueles, es asaltada y brutalmente violada por una pandilla de jóvenes, una escena que representa su necesidad interna de humillación constante y tratamiento sádico.

La película ofrece una imagen exacta de los miserables mundos internos de ambos personajes. Las formas que toma su degradación son cruciales. Hay una convincente simetría en ambos personajes, por lo que la victimización de la mujer ya no es un requisito previo. Los dos ofrecen un grado de igualdad en sus miserias y vilipendios.

A fines de los 90 hubo otro cambio que reflejó el

esfuerzo de Hollywood para comprender las complejidades asociadas a los comportamientos sexuales humanos.

Ver la película *Happiness* (significa "felicidad") me hizo recapacitar y cambiar en forma radical mi percepción de la manera en que los malos comportamientos sexuales son o pueden ser retratados en las películas de Hollywood. Este filme de 1998 es un avance real en la comprensión de una perversión sexual, de una manera humana y compasiva. La película está poblada por personajes que, bajo una capa de normalidad en su condición de miembros de una familia, tienen un mundo interior de lo más oscuro, con mucha soledad y crueldad. Otros aspectos de sus vidas sorprenden de repente a la audiencia, que se siente asaltada con nuevas ideas, como el masturbador solitario que necesita hacer llamadas telefónicas pornográficas para lograr cualquier grado de alivio sexual. Incluso la pedofilia, entre todas las perversiones imaginables, es accesible hasta el punto de ser comprensible para la audiencia. Después de todo, la mayoría de nosotros nos sentimos atraídos por los niños, pero nuestra atracción se limita a su candidez y vulnerabilidad, a veces cubiertas por una fachada de descaro. Esto es muy diferente de la pedofilia, cuyos diferentes grados de explotación y abuso están enmascarados en el "grooming" de los niños, que al principio no advierten el significado de las atenciones de los pedófilos. Esta película realmente ha conseguido describir el proceso. El protagonista principal, un psiquiatra, es presentado sin excesos dramáticos, evitando los sentimentalismos pero dejando en claro la admisión de su incapacidad para luchar contra el fuerte deseo y el placer que obtiene del abuso; también queda en claro su admisión de que lo haría una y otra vez de tener la oportunidad. No hay remordimiento ni culpa, sólo una aceptación fría y realista de los factores que operan en su mente -más aún cuando los niños involucrados, cuando se les pregunta, no parecen considerar esto como algo que realmente los dañe. Son incapaces de reconocer el espíritu o la naturaleza de la pregunta.

Cuando se les pregunta, concretamente, si alguien los ha *lastimado*, su respuesta es negativa. En el tratamiento no hay glorificación de la industria del abuso, sólo una declaración clara y evidente de lo que es ser un pedófilo. Un hombre común, si este adjetivo puede aplicarse a un psiquiatra, rodeado de una "familia cálida y solidaria", en un cuadro que, por supuesto, está formado por una trama de engaños, algo también muy bien logrado en la película.

Hollywood me ha sorprendido con esta muestra honesta y altamente educativa de uno de los problemas sexuales más repugnantes.

OCHO

Comprender En Vez De Juzgar El Homicidio Yendo A La Ópera

No es por casualidad que los profesionales que practican la psicoterapia forense son aficionados y hasta en algunos casos adictos a la ópera.

Este género dramático musical presenta la existencia en términos apasionados, con personajes vívidos, vibrantes, que viven sus experiencias hasta el extremo de cometer actos de violencia como profundas expresiones de amor, humillación, vergüenza y odio.

Se podría señalar que los personajes son versiones exageradas y hasta caricaturizadas de personas "reales", pero esto nos ayuda a comprender pasiones muy profundas, por ejemplo cuando el amor se convierte de repente en odio y genera violencia. En estas escenas es donde se presentan los comportamientos sádicos más brutales y violentos.

Los espectadores se transforman así en testigos silenciosos de todo tipo de comportamientos extremos. En cierto modo, se puede decir que las óperas son la versión sofisticada y artística de las historias de crímenes de los tabloides sensacionalistas, que tanto fascinan al público.

La gran diferencia es que, en contraste con los

relatos de los tabloides, que provocan la disociación entre el lector y el autor de esos "crímenes horribles", originando una experiencia vicaria de virtud subjetiva o bondad, las óperas inspiran una búsqueda interior para comprender las motivaciones subyacentes en esos comportamientos "salvajes".

La ópera, a través de su arte, música maravillosa y grandes producciones, nos ayuda de una manera única a comprender lo que con demasiada frecuencia se denomina "delitos irracionales". La manera en que las emociones son presentadas en la ópera nos permite eludir dentro de lo posible las interpretaciones prejuiciosas y, al mismo tiempo, alienta nuestra comprensión e identificación con los personajes. Esta identificación se cataliza a través de la creatividad y el arte involucrados en su actuación y canto, a pesar del desconcierto e incomodidad que esto puede evocar. De esta manera, la ópera se convierte en un ejercicio que pone a prueba nuestras aptitudes intelectuales y estimula el raciocinio, obteniendo así una percepción de los problemas más graves que los seres humanos encuentran en sus vidas.

La sección que sigue a continuación enlaza algunos casos de mi trabajo con protagonistas del mundo de la ópera.

ASESINATO DERIVADO DE UNA EXPERIENCIA DE HUMILLACIÓN

Billy Budd

Bajo una capa de despreocupación y ligereza fácilmente atribuibles, la ópera *Billy Budd*, de Benjamin Britten (inspirada en una novela de Herman Melville), nos ofrece un brillante ejemplo de un acto violento -un asesinato- cometido por un individuo atrapado en una posición de humillación y vulnerabilidad absolutas. El tema de la ópera se desarrolla en un barco exclusivamente tripulado por hombres, y por esta razón suele clasificarse como una "ópera gay".

Billy Budd es un joven apuesto, bondadoso, pacífico, de conducta intachable, que sufre de un impedimento del habla. Su tartamudez, casi imperceptible en situaciones normales, se torna severa en circunstancias intensamente frustrantes.

El joven, reclutado en el servicio por la fuerza, es inexperto y bastante ingenuo y por lo tanto un blanco fácil para el acoso y, eventualmente, la maldad, la envidia y la denigración por parte de otros tripulantes. En cierto momento, cuando el capitán lo llama a su cabina, Billy llega con optimismo, ya que acaba de realizar un buen trabajo y con razón espera que se le ofrezca una promoción.

Ocurre todo lo contrario: el capitán le dice que es responsable de un intento de motín y otras graves faltas de disciplina. El espectador sabe que estas acusaciones han sido fabricadas por Claggart, el

Maestro de Armas, que envidia el carisma natural de Billy. Otros marinos participaron en esta escalada del acoso al joven, que tanto los divertía.

Billy Budd está completamente sorprendido y en este estado de shock no atina a defenderse ni a explicar que no tiene nada que ver con el supuesto motín. No puede expresar su rabia y el conocimiento de esta impotencia aumenta su confusión y su ira; para su desesperación, no atina a controlar el tartamudeo. Finalmente, en una reacción instintiva, aferra un martillo y golpea a su acusador en la cabeza; para el asombro y espanto de todos, Claggart cae al suelo muerto.

Este es un gran ejemplo de una reacción extrema, del tipo más violento, de una persona cuya nobleza es mal interpretada y sometida a las burlas más crueles, que producen una intensa humillación.

Lady Macbeth del Distrito Mtsensk

Una situación semejante tiene lugar en una de las óperas de Shostakovich, pero esta vez la protagonista es una mujer y la víctima un hombre.

Katerina es una mujer muy joven e inexperta, casada infelizmente con Zinovy, un comerciante provincial de harina. No sólo se aburre sino que evidentemente está sexualmente frustrada. Tanto, que cuando su marido sale en viaje de negocios ella se enamora de Sergei, un nuevo trabajador en su negocio y un mujeriego notorio. Comienzan una relación amorosa que se convierte en una obsesión para Katerina, tan enamorada e ingenua que cree sinceramente que es la única mujer en la vida de Sergei, cuando en realidad ella es una más entre tantas.

Para salvaguardar la continuación de su relación con Sergei, Katerina envenena a su suegro y luego, con la ayuda de su amante, asesina a su marido, cuyo cuerpo oculta en la bodega de la casa. Luego, con Zinovy legalmente "desaparecido", los amantes se disponen a contraer matrimonio, pero el cadáver es descubierto y son encarcelados en Siberia. Allí, Katerina soborna a un guardia para que le permita ver a Sergei, quien la culpa de todo y se burla de ella por ser tan estúpida e ingenua. Ella comparte su celda con otra mujer condenada, una muchacha joven y hermosa, Sonya. Sergei no pierde la oportunidad de declarar su pasión por la chica y le hace el amor en presencia de Katerina. Finalmente, desesperada, ella lo mata.

Este asesinato está motivado en primer lugar por una enorme sensación de incredulidad, seguida de una tremenda humillación al ser objeto de burlas. El episodio central que precede al asesinato es el regalo de Katerina a Sergei de su último par de medias nuevas, en el entendimiento de que aliviarán el dolor de sus piernas. Él no tarda en dárselas a Sonya por favores sexuales. Cuando Katerina ve a Sonya usando las medias, su ira es tan fuerte que escupe a los ojos de Sergei y lo mata.

En este caso, las medias desencadenan el asesinato, al igual que los pendientes son el factor desencadenante en *Wozzeck*, de Alban Berg, otra ópera en la que hay un asesinato. En *Wozzeck*, un hombre asesina a una mujer como una "resolución de sentimientos de humillación". En esta ópera, los pendientes dados por un amante a una mujer casada son evidencia de infidelidad. Esta trama tiene puntos de contacto con el caso de un paciente mío, que describiré en breve.

Wozzeck es un soldado raso, objeto de humillaciones y burlas por parte de muchas personas en formas y situaciones diversas. Su compañera, Marie, la madre de su pequeño hijo, mantiene un encuentro sexual con el tambor mayor del regimiento, que le regala, a cambio de sus favores, un par de pendientes que ella ha admirado.

Cuando Wozzeck le pregunta sobre sus nuevos pendientes, Marie le dice que los encontró por casualidad. Él no le cree, pero no reacciona hasta más tarde, cuando, tras ser objeto de nuevas humillaciones (el tambor mayor le da una paliza), se arma con un cuchillo y la mata. En algunas producciones, el hijo de ambos es testigo del asesinato, mientras que en otras lo sabe por las burlas de otros niños.

En ambas óperas, *Lady Macbeth* y *Wozzeck*, los desencadenantes de la violencia y los homicidios son los regalos de objetos femeninos fetiches: medias y pendientes.

En la escena final de una reciente producción de *Wozzeck* de la English National Opera, su hijo, de unos nueve años, en vez de jugar con su caballo de madera, como en la versión original, amenaza a la audiencia con armas de juguete, repitiendo o perpetuando así la violencia de la generación anterior.

En otras dos óperas con temas muy vigorosos, que retratan a mujeres fuertes, bellas e inteligentes, sus compañeros -padres de sus hijos- están interesados en mujeres más jóvenes, lo que provoca en ellas sentimientos homicidas para castigar a los infieles.

La primera es *Norma*, de Vincenzo Bellini. Cuando Norma, una sacerdotisa del culto a los druidas, se da cuenta de que Pollione, su pareja y padre de sus dos hijos, está mostrando signos de falta de interés, su actitud hacia sus hijos cambia en forma radical y exclama, con profunda tristeza: "Hijos míos... a veces los amo y también los detesto; me dan tanto placer y tanto dolor".

Pollione se ha enamorado de una joven sacerdotisa, Adalgisa. Cuando Norma lo sabe, su reacción es herirlo de manera muy drástica, deseando matar a los niños, *los hijos de él*. En ese momento, su rabia se dirige hacia él como el padre de sus hijos.

El segundo caso es *Medea*, de Luigi Cherubini. Medea es inteligente e influyente, está enamorada y se cree amada por Jason, pero cuando éste decide abandonarla por una mujer más joven y poderosa, ella siente que de repente ha perdido todo. Se da cuenta de que el único poder que le queda es a través de sus hijos, que se convierten en el blanco de su venganza contra el padre. Medea, hábil y sutilmente, traza un plan diseñado para infligir tanto dolor como sea posible a Jason, matando a sus hijos.

HOMICIDIO EN LA VIDA REAL COMO RESULTADO DE HUMILLACIONES

Dejemos ahora los dramas musicales y pasemos a la vida real, en un caso que muy fácilmente podría ser la base para un argumento de ópera.

Ví a "Tom" mientras él estaba purgando una pena de prisión perpetua. Antes de asesinar a su novia embarazada, a los 21 años de edad, no había tenido antecedentes criminales. De hecho, sus informes laborales eran excelentes y se lo consideraba un individuo responsable y concienzudo.

Había estado viviendo en el norte de Inglaterra con su novia, de quien estaba muy enamorado. Un día, al regresar del trabajo, ella le dijo, en la cocina donde preparaba la comida, que estaba embarazada. Al principio Tom sintió alegría y orgullo, pero la sensación se transformó en humillación cuando ella agregó que él no era el padre, que ella había estado viendo a otro hombre. Tom se enceguecío y perdió el control de sí mismo, desbordado por la ira. Lo próximo que recordó fue ver a su novia muerta en el suelo, en medio de un charco de sangre. Corrió por las calles durante horas y finalmente se encontró en la estación de policía, donde confesó su crimen. Se asombró al saber que había utilizado un cuchillo de cocina para asestar 32 puñaladas a su novia en el abdomen: el ataque estuvo dirigido directamente al fruto de su infidelidad con otro hombre.

Vi nuevamente a Tom años después, cuando debí evaluar su aptitud para el tratamiento como paciente externo al dejar la cárcel. Me contó su historia anterior. Era el séptimo en una familia de 13 hijos, siete años separado de sus hermanos más próximos, antes y después de su nacimiento. Había presenciado las constantes disputas entre sus padres, ante las cuales él solía apartarse, espantado. Comenzó a crear fantasías en las cuales rescataba a su madre de esas situaciones, llevándola a sitios donde podría proporcionarle paz y consuelo. Estas ensoñaciones continuaron hasta que tuvo siete años, cuando su madre comenzó sorpresivamente un nuevo ciclo de embarazos.

Es fácil imaginar su sensación de humillación y vergüenza ante el embarazo de su madre y su celoso enojo ante sus hermanos más pequeños. ¿No es posible que su propia sensación de impotencia de niño se reactivara cuando su novia le confesó que estaba embarazada de otro hombre? ¿Y no es natural que en forma inconsciente vinculara esto con su padre (otro hombre), que no sólo había penetrado sino también impregnado a su madre (novia)? Tom se sintió espantado cuando le mencioné la posibilidad de terapia de grupo. Por supuesto que la terapia de grupo sería en este caso semejante a su antiguo "hogar", rodeado por hermanos, de modo que no lo aceptó. En cambio, asistió regularmente durante años a sus sesiones individuales, que nos dieron percepciones claras de estos vínculos con sus fantasías inconscientes.

En esto hay un eco de la novela *La Sonata a Kreutzer*, de León Tolstói, inspirada en la composición del mismo nombre de Beethoven. Se trata de un relato en primera persona del protagonista, Pozdnyshev, mientras escucha las conversaciones de sus compañeros de viaje en un vagón de ferrocarril, a su regreso de una pena de prisión. Antes de esto, había visto a su esposa tocando el piano en su casa, acompañada por un violinista amigo, y esta escena le hizo creer que ambos tenían una relación más íntima que la música. La envidia y la ira que esta fantasía enciende lo llevan a matar a su esposa. Aunque Pozdnyshev permanece en su asiento, escuchando el ritmo hipnótico de las ruedas del tren, su relato nos ofrece pantallazos de su mujer y el violinista, y escuchamos la cautivadora música creada por ellos, la misma música que es responsable de la ilusión del protagonista y sus fantasías todavía activas, desencadenadas por su sentido subjetivo de humillación.

Recuerdo que en 2015 fui al Teatro Sam Wanamaker a ver *Kreutzer vs Kreutzer*, esperando una nueva producción de la misma obra. Me sorprendió y deleitó ver en cambio un trabajo completamente nuevo, innovador e irresistible de Laura Wade (¡una mujer!), que combinaba las dos vertientes: por un lado la música, con la *Sonata a Kreutzer* de Beethoven y el cuarteto de cuerdas del mismo nombre de Janáček; y por otro el relato literario de Tolstói.

En la historia de Tolstói, el relator confiesa a un desconocido, en el tren, que ha asesinado a su esposa en un estallido de celos, convencido de que ella mantenía una relación sexual con un violinista, y que el adulterio estaba espoleado por el tormentoso primer movimiento de la sonata de Beethoven. En esta producción teatral, en cambio, la autora aborda el tema desde el punto de vista de la esposa y el supuesto "amante" (ninguno de los cuales tenía voz propia en el original). La primera parte de la velada muestra los acontecimientos a través de sus conversaciones, puntuando la historia con los tres movimientos de la sonata de Beethoven. En esta versión de lo ocurrido, ellos tienen una relación íntima. Su diálogo es interrumpido en la segunda parte por el intenso y atormentado cuarteto de Janáček, escrito justamente en respuesta a la novela y en simpatía con la mujer.

Suena complejo, pero en realidad es hermosamente simple. Ambos actores conmueven a la audiencia con un diálogo fluido y gracioso. Pero es la música, ejecutada brillantemente por la Orquesta Aurora, lo que expresa más abiertamente lo que está ocurriendo entre los personajes y las sensaciones que experimentan. En la primera parte, el violinista (varón) y la pianista (mujer) intercambian frases, se unen, se siguen y se complementan mutuamente, y es posible advertir con meridiana claridad la imprescindible empatía musical entre los ejecutantes. En la segunda parte del espectáculo cambia el tono entre los dos actores, ahora matizado sutilmente por el deseo y el temor; los integrantes del cuarteto se inclinan y bambolean siguiendo la turbulencia de la música de Janáček. La pugna entre los conmovedores arrebatos líricos y los frenéticos raptos de agitación parece hablar por los personajes.

La música, que Tolstói percibió como peligrosamente hipnótica, es crucial para la acción, dado que el sexo ya no formaba parte de la vida sexual del personaje. El sexo solo estaba permitido con el propósito de la reproducción, y dado que el médico de su esposa le había ordenado que dejara de tener hijos, la pareja ya no lo practicaba. Ella retoma su antigua pasión por el piano e insiste en ejecutar dúos con un viejo amigo de su marido, excompañero de escuela. Esto provoca en él celos muy fuertes, que se intensifican a medida que el entendimiento musical entre los ejecutantes se hace más armonioso. En determinado momento, el protagonista dice: "La sincronización es todo en la música. Bueno, la sincronización es todo en la vida." Pozdnyshev alcanza una agitación extrema, con un éxtasis casi religioso, cuando la pareja interpreta la *Sonata a Kreutzer* de Beethoven.

Tras haber visto tres producciones, el significado de todo esto me pareció evidente cuando presencié esta obra en el Teatro Arcola: para Pozdnyshev, interpretado por el gran actor Greg Hicks, la justificación del asesinato de su esposa surge de su creencia en que tuvo una prueba concreta de su "infidelidad", justamente el momento en que el dúo alcanza su perfecta culminación, que para él significa claramente el orgasmo.

Esa comunión fue la evidencia de la infidelidad de su esposa, de la misma forma en que mi paciente, Tom, supo que su novia había quedado embarazada por su relación con otro hombre. Ambos personajes, Tom y Pozdnyshev, consideraron por un momento que tenían el derecho de matar a sus parejas. En la obra, la esposa fue siempre fiel, pero su destino quedó sellado como víctima de los celos de su marido, tal como Desdémona lo fue de Otelo.

NUEVE

Conclusiones

Los problemas discutidos en este libro podrían responder a diferentes enfoques terapéuticos en diferentes fases de las vidas de sus protagonistas, en las que la conducta antisocial e incluso criminal puede representar diferentes necesidades.

No solo necesitamos modificar los términos en la comprensión de este proceso, sino también revisar nuestro enfoque terapéutico.

Estos pacientes no siempre responden a la psicoterapia: de hecho, solo unos pocos lo hacen y necesitan ser adecuadamente diagnosticados. Su tratamiento en todos los ámbitos debe ser llevado a cabo únicamente por psicoterapeutas experimentados y bien entrenados, cuya supervisión es esencial para poder funcionar eficazmente. Me refiero aquí a un enfoque terapéutico que implica un control adecuado, un diagnóstico preciso y el trabajo de un equipo multidisciplinario en el que es crucial la cooperación de todos los involucrados.

El punto básico que quiero expresar es que las situaciones de estos pacientes deben entenderse como partes de diferentes etapas del desarrollo de la personalidad. Ya es hora de dejar de ver esta condición como "un proceso alienígena" o "totalmente incurable". Al tratar de entenderlo como un proceso en el que todos participamos, en diferentes grados, lo que propongo es un retorno a nuestra propia adolescencia.

La adolescencia es una etapa particularmente difícil en la que muchos de nosotros nos sentimos inadecuados, desmotivados e incomprendidos. Los sentimientos internos explosivos y los cambios corporales ocurren a tal velocidad que la confusión es casi inevitable. El mundo exterior no parece ser tolerante ni paciente, sino en realidad abiertamente hostil. Durante esta fase particularmente intensa y dolorosa, nos entregamos a muchas fantasías, que sirven como un medio para enfrentar la experiencia interna de un ambiente hostil.

Hay muchos y variados tipos de fantasías, desde sueños de convertirse en una astronauta famosa e intrépida, hasta ser un peligroso e igualmente célebre gángster. O, tal vez, un médico que logra curar todas las enfermedades de este mundo; un símbolo del bien en un mundo depravado, como Oliver Twist, o una maestra muy sabia rodeada por niños que la adoran; y por qué no un espía seductor y misterioso, una enfermera que ayuda a todos, o una aventurera (o prostituta) con dones especiales para hacer que la gente se sienta mejor. Estos sueños tienen una cualidad caleidoscópica que cambia todas las apariencias en un abrir y cerrar de ojos. Diferentes polaridades se superponen y coexisten.

La ética no cuenta; lo que cuenta es nuestra supervivencia.

Después de un tiempo, este juego de roles se desvanece y es reemplazado por logros más realistas. Todo esto forma parte de un proceso normativo.

Sin embargo, hay un grupo de individuos que no sigue este patrón. Este desarrollo normativo no está disponible para ellos, por muchas y complejas razones. En cambio, los sueños continúan y prosigue el "acting out". La interpretación de roles se ha convertido para ellos en un *modus vivendi*. La cualidad de "as if", de mimetismo, lo impregna todo hasta convertirse en un autoengaño maligno. Esto se utiliza como una defensa maníaca ante una depresión crónica, enmascarada, acompañada por una completa sensación de vacío y soledad "en la nada". Algunas personas ejecutan estas acciones antisociales como reguladoras de su autoestima.

El engaño y el autoengaño son las características clave de esta condición, que rara vez se mencionan en las descripciones del trastorno de la personalidad. Estas características están profundamente vinculadas con la confusión de la identidad y la incapacidad de verse desde el punto de vista de otro, ya que el otro es uno mismo. Emerge un sentimiento de "falso yo", o "false-self", acompañado de baja autoestima y un deterioro de la capacidad para el proceso de pensamiento y acción impulsiva.

He tratado de demostrar con mis ejemplos clínicos que a veces hay desarrollos en algunas de estas personas que denotan una dinámica diferente. Esto tiende a aparecer cuando están en la treintena y revela una fuerte necesidad de cambio interno. Emerge una sensación de frustración, de un vacío insondable. Ya no está presente la excitación del "acting out", que ha sido reemplazado por el miedo.

Los actos carecen ahora de "profesionalidad", ya no muestran la destreza anterior. El "botiquín de supervivencia" que había protegido de la depresión ya no sirve para ese propósito.

Debemos ser conscientes de esta posibilidad, ya que puede indicar un progreso del desarrollo y la necesidad de pasar de un mundo interno de "falso yo", o falsa identidad, a otro de reconocimiento de un sentido de futilidad y desesperación. Esto puede conducir a la integración con otras personas, cada una con sus propias necesidades.

Su detección es esencial y debe ser equiparada con un momento crucial en el crecimiento emocional de un niño-adolescente-adulto joven, que requiere un aporte de comprensión adicional. Para esto es necesario tener la mente abierta a cambios dinámicos que no siempre incluyen una sucesión de repeticiones.

La actuación, el "acting out", puede llevar fácilmente a estas personas a una vida de delincuencia, y es entonces cuando somos llamados a evaluar la idoneidad de estos pacientes para el tratamiento. La dificultad es que, en este campo, el concepto de "tratabilidad" suele confundirse con "curabilidad", lo cual es totalmente inapropiado. En mi opinión, la psicoterapia forense es *la* subespecialidad mejor equipada para enfrentar este reto terapéutico.

De hecho, mis propios fracasos comenzaron a emerger lentamente como éxitos cuando permití que mis pacientes se convirtieran en mis maestros, y mis colegas en mis compañeros estudiantes, en el manejo de situaciones difíciles que implicaban graves riesgos para los demás y para ellos mismos.

Hace muchos años decidí que mi trabajo en grupos terapéuticos debería llevarse a cabo exclusivamente con pacientes forenses dentro del Servicio Nacional de Salud británico. Me he sentido privilegiada a lo largo de los años por haber sido, a veces, la contenedora de los "horribles" problemas de mis pacientes, y en otras ocasiones el cubo de residuos para todos sus "secretos sucios". Y es este dinámico, continuo cambio contratransferencial, esta dualidad de paciente y terapeuta, esa plétora de sentimientos contratransferenciales, lo que hace que esta tarea sea única. Si el paciente y el profesional experto trabajan duro en la terapia para dar sentido a sus experiencias, el trabajo los recompensará eventualmente, aunque la comprensión llegue.